做自己的灯塔

余世存 著

海南出版社
·海口·

果麦文化 出品

他的生存示范在当时和后来
获得了长久的回应

目录

龚自珍 ·1792—1841 在衰世中专注写诗　1

曾国藩 ·1811—1872 立功、立德、立言　19

张謇 ·1853—1926 故乡成就一生的事业　35

谭嗣同 ·1865—1898 为变法，可流血　53

蔡元培 ·1868—1940 拯救北大　71

弘一 ·1880—1942 开先河与做弘一　83

- 鲁迅 1881—1936 一要生存，二要温饱 97
- 陈寅恪 1890—1969 读书不是为了学位 145
- 范旭东 1883—1945 定义现代企业家 109
- 梁漱溟 1893—1988 唯有志没法夺掉 165
- 林觉民 1887—1911 一生都在《与妻书》里 121
- 费孝通 1910—2005 追求一个人生的着落 179
- 顾维钧 1888—1985 永远有说「不」的权利 131

龚自珍

1792—1841

在衰世中专注写诗

对文明衰败的感受是近六七百年以来中国天才们共同的感受。除了随着明清华夏变夷之际的挑战而出现了顾炎武、王夫之、黄宗羲这些个人的匆促应对外，中国一流士人最好的人生状态就是生活在梦中，汤显祖临川四梦，曹雪芹红楼大梦，容若公子浮生一梦，等等。这些天才在文明的铁屋子里才华不容展示，苦闷不已，只好在梦中成全自己。不能做梦的人只有痛苦、变态、偏执。朝政、士林、世风和文明的衰败导致一流的天才们转移、升华、自杀。西方"黄金时代"后期弗洛伊德对梦的解析，最为人惊异的就是可以移用东土来解释我们文明中的士人。历史的吊诡还有，最早叩开国门的不是道德文章，而是礼仪信仰，是食货贸易，是文明模式的对话可能性以及背后的硬实力——炮舰。文明的对话，在相当的意义上，相当于网络时代的流行语——见光死；那些把"存天理灭人欲"追求到极致的文明只能在黑暗中生存，一旦见到文明的人性之光即会死去。

幸运的是，在这种文明衰败并且要见光死之际，汤显祖的梦已经做完了，李贽自杀了，徐文长疯了，顾、王、黄的眼泪也哭干了，容若公子殇逝了，曹雪芹的红楼大梦不了而了了。他们都没来得及更痛切地感受做一个华夏文明人的耻辱和败落。第一个感受这种耻辱和败落的天才男儿是龚自珍。

龚自珍出生在一个官僚家庭。他的祖父龚敬身官至云南楚雄府知府，他的父亲龚丽正官至江南苏松太兵备道，署江苏按察使，可以说祖、父皆为显宦。他的外公段玉裁著有《说文解字注》，是著名的古文字学家。这个天才一开始就不为当时的学问所束缚。文明方生方死之际，最好的人才都只是忙于考据、训诂，皓首穷经。龚自珍的耻辱感是强烈的。1812年，他二十一岁[1]，新婚蜜月，曾和妻子泛舟西湖，并作《湘月·天风吹我》一词，其中有"屠狗功名，雕龙文卷，岂是平生意""怨去吹箫，狂来说剑，两样消魂味"等句子，既有满腹的抱负，也流露出文人伤感的气质。

当代的红学专家们惊讶地发现，曹雪芹在《红楼梦》里塑造的贾宝玉，虽然是作者的理想，但在作者过世之后，真的出现在现实生活中了，即一种完全不同于传统中国男性生命状态的人格出现了，这个现实版的"贾宝玉"就是龚自珍。龚自珍对女性的尊重几乎就是贾宝玉的翻版，"世上光阴好，无如绣阁中。静原生智慧，愁亦破鸿蒙"。鲁迅对贾宝玉的评价，"悲凉之雾，遍被华林，然呼吸而领会之者，

---

1. 此是按中国传统记龄方式，即以虚岁计算年龄。全书除"顾维钧"篇按《顾维钧回忆录》以实岁记龄（用阿拉伯数字表示）外，均采用虚岁记龄（用中文数字表示）。——编者注

独宝玉而已",正可移用来说明龚自珍。

康乾盛世之后的国家臣民心态封闭得严严实实,盛世中的文字狱使得一般读书人都不敢谈论经世之学,而只得埋头于古籍中去搞考据训诂,致使学术界、思想界死气沉沉。而欧洲正在发生民族国家的争霸。1815年,俄罗斯帝国、普鲁士王国、奥地利帝国缔结"神圣同盟",拿破仑颁布法国自由宪法,虽然同一年他被迫下野并被流放。1815年的龚自珍仅二十四岁,就完成了《明良论》四篇,其二开篇即"士皆知有耻,则国家永无耻矣"。他也曾经在《咏史》诗中描述士林状况:"避席畏闻文字狱,著书都为稻粱谋!"段玉裁在看到《明良论》后,欣慰道:"四论皆古方也,而中今病,岂必别制一新方哉?耄(耄)矣!犹见此才而死,吾不恨矣。"段器重这个外孙,称许少年自珍的治经史之作"风发云逝,有不可一世之概",诗文则为"银碗盛雪,明月藏鹭,中有异境"。

他对时代、社会与个人的看法有天才的直觉。在令人窒息的文明及时代面前,他承认个人命运的脆弱。"君子所大者生也,所大乎其生者时也。"那么,他生逢何时呢?"日有三时","早时"是王朝初兴之时,因此"天下法宗礼,族归心","百宝万货,人功精英","府于京师"。"午时"是王朝大势尚在,虽有"窒士"(被压制的人才),然"天命不犹,与草木死",尚不足为虑。可是到了"昏时",这是龚自珍着意刻画的，也是他生逢之时，这时是"日之将夕，悲风骤至"，"人功精英，百工魁杰所成，如京师，京师弗受也，非但不受，又裂而磔之"，即人才被诛杀。相反，那些"丑类窳呰（苟且懒惰），诈伪不材"，即庸才，却得到重用。因此，天怒民怨，"京师之气泄"。具体说来，则是"京师贫"而"四山实"，"京师贱"而"山中之民有自公侯者"，"京师轻"而"山中之势重"，"京师如鼠壤"而"山中之壁垒坚"。其结果是"京师之日（苦）短"，而"山中之日长矣"。龚自珍预言，在这种"朝士寡助失亲"的情况下，人们都将寄希望于"山中之民"。一旦"山中之民"起而反对"京师"，那将"一啸百吟"，"有大音声起，天地为之钟鼓，神人为之波涛矣"。

龚自珍认为"世有三等"，即所谓"治世""乱世""衰世"，而"三等之世，皆观其才"。龚认为，"衰世"从外表上看"类治世"，而从实质上看，则"左无才相，右无才史；阃无才将，庠序无才士，陇无才民，廛无才工，衢无才商"。并且更严重的是，即使有"才士与才民"，也将被那些不才之人"督之，缚之，以至于戮之"。这种杀戮，并不是用刀锯消灭肉体，而是"戮其心"，即"戮其能忧心，能愤心，能思虑心，能作为心，能有廉耻心，能无渣滓心"。如果从将相至士民工商都没有这些忧心、愤心、思虑心、作为心、廉耻心等等，则"起视其世，乱亦竟不远矣"。

龚自珍批判了他生活的阶级：士绅精英集团。那个集团流行的潜规则是等级、资历。"其资浅者曰：我积俸以俟时，安静以守格，虽有迟疾，苟过中寿，亦冀终得尚书、侍郎。奈何资格未至，哓哓然以自丧其官为？其资深者曰：我既积俸以俟之，安静以守之，久久而危致乎是。奈何忘其积累之苦，而哓哓然以自负其岁月为？"[那些资格浅的人是这样想的：我不求有功，但求无过，早晚总能熬到个尚书、侍郎，何必多嘴多舌（哓哓然），把前程断送了呢？而那些资格深的人又是那样想的：我历尽艰险，好不容易混到了这个地位，难道能忘掉这些艰苦，而去多嘴多舌，丢掉这个地位吗？]龚说："一限以资格，此士大夫所以尽奄然而无有生气者也。""至于建大猷（指治国的方针、原则等），白大事，则宜乎更绝无人也。"流行潜规则的官场因此死气沉沉。

龚自珍说，官吏、士大夫的这种"无耻"，其结果则是"辱国""辱社稷"，以至于亡国。官吏、士大夫的这种"无耻"，不应当只责怪他们，其根源在于君主的极端专制。他认为，天子率领百官共治天下，应当是"但责之以治天下之效，不必问其若之何而以为治"。龚自珍说："一祖之法无不敝，千夫之议无不靡，与其赠来者以勃改革，孰若自改革？"意思是说，一个朝代的弊政总要被下一个朝代革掉；当朝有了弊政，与其让后来者去革，还不如自己革掉的好。

但龚自珍在科举仕途上并不顺利。他在十九岁时首次应乡试，只中了个副榜贡生。直到二十七岁时，他第四次应乡试，才中了个举人。之后，他多次考进士，连连落第，直至道光九年，他三十八岁时，才勉强考了个三甲第十九名进士，离落第差不太远。虽然中了进士，一笔字却写得很难看，所以点不了翰林，做不了大官。自己因楷法不中程屡不及格，"乃退自讼，著书自纠"，好像自我遣责似的，就像当代人常写的"认罪书"或"检讨"一样，读来有如英国狂生斯威夫特的杂文。他在《跋某帖后》说道："余不好学书，不得志于今之宦海，蹉跎一生。"他的字不中程式，不合馆阁体的规格，因之流传极少，也格外受人爱重。

因此，龚自珍只做过内阁中书、宗人府主事、礼部主事这样一些闲散的小官，而且还不断受到主流士绅们的嘲笑、打击。他在当时士大夫中被目为"言多奇僻"的"狂士"，甚至被称为"龚呆子"。他那些猛烈抨击制度弊端的言论，就连他的一些知交都为他担心。如魏源在给他的一封信中就说："吾与足下相爱，不啻骨肉，常恨足下有不择言之病……若不择而施，则于明哲保身之义恐有悖。"他的外祖父段玉裁虽然十分欣赏他的才华，然而也写信告他，希望他"努力为名儒，为名臣，勿愿为名士"。

但这个天才命中注定做不了力挽狂澜的名儒、名臣，虽然他关心国家大事，做好了做名儒、名臣的准备。他提倡经世致用，精研西北历史地理，在诗中自道"九边烂熟等雕虫"。九边，原指从辽东到甘肃的九个边防重镇；九边烂熟，就是深谙边情之意。又有诗道"掌故罗胸是国恩，小胥脱腕万言存"。他和当时一批有志之士如魏源、林则徐等过从甚密，林则徐曾对他禁烟和杜绝白银外流的建议做了回复，信中说"责难陈义之高，非谋识宏远者不能言，而非关注深切者不肯言"。他自觉地使学术研究与现实政治社会相联系，使学术研究不流于空谈，而能实际有用，研究的课题也更多、更广，所谓"为天地东西南北之学"，而特别致力于当代的典章制度和边疆民族地理，因而对现实政治社会问题提出了积极的建议——《西域置行省议》和《东南罢番舶议》，这些建议对巩固西北边疆和抵抗外国资本主义侵略是有重大的现实意义和历史意义的。后来的李鸿章对龚自珍也推许说："古今雄伟非常之端，往往创于书生忧患之所得。龚氏自珍议西域置行省于道光朝，而卒大设施于今日。"

可以说，龚自珍联合同道者，改变了时代的学术风气，正是他开风气的倡导，才有了后来对中、日两国具有启蒙意义的著作——《瀛寰志略》《海国图志》。对龚自珍有个人意见的王国维先生也评价说，清代学术有三变，顾炎武为一变，戴震为一变，龚自珍为一变。保守主义者叶德辉攻击龚自珍是两千年中国经学的埋葬者，却也对龚的"旷代逸才"赞叹有加。叶德辉的发现从另一方面证实龚自珍是现代学术的开创者，他的实学原则丰富了顾炎武们的思想，是

"五四"新文化运动实践的方法，是今天中国学术仍极稀缺的品质。

这个天才几乎是徒托空言地自我设计。在防止外国势力侵入方面，龚自珍提出了严禁鸦片、限定通商口岸和商品种类、巩固边防等主张。而在内政方面，他早年曾提出"平均"的主张。他认为，要达到社会的"平均"，主要在整顿"人心世俗"，使人人都有"平均"的思想。"人心者，世俗之本也；世俗者，王运之本也。"而要使"人心"平，则首先要"王心"平。只要"王心"平，那就会物产丰盛，百僚受福，人民安乐。在《农宗》篇中，他还主张按宗法制度立大宗、小宗、群宗和闲民四类。大宗（有继承权的长子）继承父田100亩，小宗（次子）和群宗（三子、四子）分田25亩，闲民（兄弟中最末者）则为佃户。他想得太细了，而由于时代的局限，所有这些改革主张都是在所谓"古方"名义下提出来的药方。因此他有一首诗说："何敢自矜医国手，药方只贩古时丹。"其次，对于改革，他也只期望逐步地改良，说什么"可以虑，可以更，不可以骤"。他知道英国，却不了解当时的"天下"之外的欧洲文明发生过的革命。

龚自珍只能取用既有的文明思想资源，运用《春秋》公羊学派的"三世说"，对比统治者即"京师"和"山中之民"势力的消长变化，承认"山中之民"兴起的必然性，肯定未来时代的巨大变化。后来在学术思想上他又坚决地抛弃考据之学，进一步接受清代《春秋》公羊学派庄存与、刘逢禄等人的影响，所谓"从君烧尽虫鱼学，甘作东京卖饼家"。当主流社会一片"天下升平，超唐迈汉"喧闹景象之时，他已洞察幽微，看到了潜伏中的时代危机，预言衰世将至。在他的诗中，常常以黄昏和秋气来隐喻王朝的悲凉没落："夕阳忽下中原去""忽忽中原暮霭生""秋气不惊堂内燕，夕阳还恋路旁鸦"，岁之将暮，日之将暮，堂内的燕子、路边的乌鸦还做着春梦。龚自珍认为，知识分子在腐败的社会中是难以独善其身的，如同他诗中所写的，"四海变秋气，一室难为春……所以慷慨士，不得不悲辛。看花忆黄河，对月思西秦。贵官勿三思，以我为杞人"。

这个天才怀才不遇，也特立独行。据说他长相奇特，言行奇特："有异表，顶棱起，而四分，如有文曰十。额凹下而颊印上。目炯炯如岩下电，眇小精悍，作止无常则。"跟人谈话时爱说笑话、段子，谈诗论文时蓬头垢面，不屑于也没有时间洗漱。有一次他住在别人家，来客人时跟人聊天，聊得兴起，居然跳到桌子上手舞足蹈。送客时，他又不知去向。在京师时，他曾拉不相识的人同饮（龚诗有"朝从屠沽游，夕拉驺卒饮"句）。在杭州时，他常嘱家人备盛馔，却不招一客，至期对空空客座举箸呼名劝酒。于是朋友都称他为"龚呆子"。

当时的官绅大佬阮元，晚年退居乡间，为避免"俗客"，伪称耳聋，对求助者也较冷漠，只有对龚自珍例外，并极为大方。只要龚自珍来拜访他，"则深谈整日夕，并不时周之"。当时人编顺口溜说："阮公耳聋，逢龚则聪；阮公俭啬，交龚必阔。"

这个天才既无法贡献于国是，又无法跟他身处的文明决裂，因此他只能把精力发泄到别处。所有传统文明最好的或最猎奇的心态、世态他都经历过了。他同情民众的苦难："只筹一缆十夫多，细算千艘渡此河。我亦曾縻太仓粟，夜闻邪许泪滂沱。"他是具有现代批判性的知识分子："金粉东南十五州，万重恩怨属名流。牢盆狎客操全算，团扇才人踞上游。避席畏闻文字狱，著书都为稻粱谋！田横五百人安在？难道归来尽列侯！"他有边塞阳刚诗意："故人横海拜将军，侧立南天未蒇勋。我有阴符三百字，蜡丸难寄惜雄文。"他更有为东土万众的祈祷："九州生气恃风雷，万马齐喑究可哀。我劝天公重抖擞，不拘一格降人材。"

他"宥情""尊情"，因为他尊重个性。他反对对个性的强制束缚，认为这样会压抑人才的成长。为此他写过《病梅馆记》无情地嘲笑士林的乡愿、犬儒和堕落。在庸俗的官僚士绅社会中，他成为众矢之的、"狂不可近"的人物。清醒的、有志气的人被排斥着，被嘲笑着，而天下是死寂的。"秋气不惊堂内燕，夕阳还恋路旁鸦"，天下一派"秋气"

侵袭、夕阳西下、暮霭沉沉的情景，而主流社会还是醉生梦死，安然自若，他们不知道"四海变秋气，一室难为春"。"《天问》有灵难置对，《阴符》无效勿虚陈"，问天无用，一切筹划都是白费，甚至作诗也是徒然，"姑将谲言之，未言声又吞"。他只能抱着深沉的忧郁和孤独，以及特有的清醒和自信而无可如何。

他因此也是个大玩世者，是一个不肯调和的间世者。据说他爱吹牛，爱赌博。是真名士自风流，所有传统文明的风流人生他都经历了。他爱赏花，有"青门何有？几堆竹素，二顷梅花"的吟咏；喜交友，豪称"愿得黄金三百万，交尽美人名士"；喜游山，观黄山云海，他发出"千诗难穷，百记徒作"的浩叹；喜收藏，文博藏品之富，其儿媳之弟陈元禄称之为"不可胜记"。他得到一方古玉印时，称"入手消魂极""引我飘摇思"，又称"自夸奇福至，端不换公卿"。他高看唐拓《洛神赋》，称之为"最所珍秘"，为其藏帖"二千种之冠"，特邀林则徐、魏源、何绍基等好友同赏。龚自珍赏王时敏《九友图》时，发出"相见便情长"的感叹，声称犹如"身到亭亭九友旁"。其得王应绶所绘精品成扇，常"袖里珍擎怀里握"。研究藏品所作《说宗彝》《说刻石》《说碑》《说印》《商周彝器文录序》《秦汉石刻文录序》《镜录序》《瓦录序》等专论文章，字里行间，时出新解，被金石学家吴昌绶誉为"精博绝特"。

一个中国一流的士人在衰世里不得用世报国，只能将一生的光阴耗费在这些雕虫小技之中。他只能在诗中表达自己的情怀，那些具有复杂思想内容的抒情诗，给人一种深沉的忧郁感、孤独感和自豪感。在许多抒情诗中，他既歌颂少年朝气，侠客和义士，理想或豪杰人物，同时又羡慕"老辈"、隐士和"读书官"，留恋母爱和童年，企求纯洁的爱情、美貌天真而有才艺的少女，向往湖山胜境，乃至梦境、仙境和佛教的清净世界。"一箫一剑平生意，负尽狂名十五年""来何汹涌须挥剑，去尚缠绵可付箫""气寒西北何人剑，声满东南几处箫""少年击剑更吹箫，剑气箫心一例消""沉思十五年中事，才也纵横，泪也纵横，双负箫心与剑名"等等。

这个亦剑亦箫的狂生因此睥睨万古。"庄骚两灵鬼，盘踞肝肠深""六艺但许庄骚邻，芳香恻悱怀义仁"，《庄子》《离骚》对他有很大影响，是他浪漫主义的主要源头。他的《最录李白集》认为，"庄、屈实二，不可以并，并之以为心，自白始"，李白对他也有一定的影响。他奇妙的想象，奔放豪迈、冲破约束的精神以及瑰丽的文辞，显然可以看出和庄子、屈原、李白有直接的批判地继承的关系。但他在前贤面前仍然放狂言，如李白诗，他就认为"十之五六伪也"。他评白居易为"真千古恶诗之祖"，理由是："《长恨歌》'回眸一笑百媚生'，乃形容勾栏妓女之词，岂贵妃风度耶!"

这个不幸的人却是清末有名的"丁香花案"的当事人之一。晚清名词人顾太清是贝勒的遗妃,风韵超群。这位守寡的侧福晋家跟龚自珍家"两家交好",大历史学家孟森考证说:"太清与当时朝士眷属多有往还,于杭州人尤密。尝为许滇生尚书母夫人之义女……定公亦杭人,内眷往来,事无足怪。一骑传笺,公然投赠,无可嫌疑。"龚自珍后来还把此事记入诗中:"空山徙倚倦游身,梦见城西阆苑春。一骑传笺朱邸晚,临风递与缟衣人。"名士才女之间发生此事,引起人们无限的想象,小人从中作祟,清朝宗室将其视为奇耻大辱因此不问可知,以至于顾太清后来被赶出府邸。本来人们对龚就看不顺眼,这下更有理由了。龚因事被罚了一年俸禄,加上他的叔父做了他所在部门的高官,依例须回避。龚自珍决定离开京师。1839年,他辞官回乡。

在回乡途中,龚自珍写下了315首杂诗,这就是著名的《己亥杂诗》。这是他回忆和记叙一生经历、交游的叙事诗,在最后一首诗中,他十分伤感地写道:"吟罢江山气不灵,万千种话一灯青。忽然搁笔无言说,重礼天台七卷经。"他苦闷过,彷徨过,伤感过,但他没有陷入病态,没有丝毫当时有些中国士人那样太监般的阴冷、卑琐和扭曲。他依然自信而充实。他骄傲地说:"河汾房杜有人疑,名位千秋处士卑。一事平生无齮齕,但开风气不为师。"

他的生存示范因此在当时和后来获得了长久的回应。他的诗名极盛,《己亥杂诗》有句云:"赖是摇鞭吟好句,流传乡里只诗名。"自注云:"到家之日,早有传诵予出都留别诗者。时有'诗先人到'之谣。"其实,他留给诗坛的影响又何止百年。黄裳先生认为,在严复、梁启超出现以前,龚自珍是独领风骚数十年的人物,他的诗文风靡了一世。只看他的遗集翻刻之多就可知道,虽然都刻得那么草率。黄裳更认为,龚自珍影响了后来的鲁迅和陈寅恪。至于梁启超,则在《清代学术概论》一书中承认:"晚清思想之解放,自珍确与有功焉。光绪间所谓新学家者,大率人人皆经过崇拜龚氏之一时期,初读《定庵文集》,若受电然。"维新派的康有为、梁启超、谭嗣同们都受到龚自珍的影响。

钱锺书先生说,在龚生前,他的诗就被人引用偷用,生吞活剥;后来同治、光绪年间的诗文更受龚的影响。延续到民国,集龚诗成了一种游戏,连十几岁的少女冰心都从龚自珍的诗中集出几十首诗。而清末民初的革命家、思想家们都对龚自珍的历史地位高度评价,还有人说龚自珍是中国的但丁,是古典中国最后一个大诗人,又是近现代中国最初的一个大诗人。当代诗词大家徐晋如先生称旧体诗为国诗,他认为,龚自珍的诗就是我们国诗的方向。还有人说他是中国的卢梭,是启蒙思想家。由于历史的某种断裂,当代人只注意到维新变法、新文化、"五四"等受外来思想刺激发起的运动,而忽略了这些变革有自家思想的影响,更无视龚自珍等启蒙思想家的启蒙之功。辛亥革命后,有研究者断言:"中华民国革命之告成,龚氏亦颇具一臂之力。"

不幸的是,离京两年之后,龚自珍即卒于丹阳县署,年仅五十岁。"暴疾捐馆",死得不明不白。有人说他是被情敌鸩死,但从种种迹象看,大抵是龚在怀才不遇的人生中累积起的病灶发作,让他暴亡。一个衰败时代中最敏感的心灵一定承受得最为沉痛,这就是哲人们发现的"世界病了,我也病了"。只有庸人、小人、无心肝的人们能够麻木得无感。龚自珍无愧于自己的一生。在他之后,衰世文明的耻辱已非一人所能承担,龚自珍感受到的文明耻辱得由文明的全体成员来承担了。

学者傅国涌强调了龚自珍的"衰世"说:"举世都是平庸窝囊之辈,浑浑噩噩,只知道吃喝玩乐,于生物学意义上存在着。表面上看起来典章制度俨然,等级秩序严密,礼仪规范分明,一切都像模像样,十字街头灯红酒绿,歌舞升平,官方的统计数字处处让人感到繁荣昌盛,似乎前程一片大好。看上去一切都像是'盛世',然而人的廉耻心、上进心、作为心都被束缚,被剥夺殆尽,整个社会在骨子里失去了生机和活力,只剩下按本能行事,一片'万马齐喑'的局面。不要说朝廷没有像样的宰相,军队没有像样的将军,学校没有像样的读书人,田野没有像样的种田人,工场没有像样的工匠,街市没有像样的商人,就连像样的小偷、强盗也都没有;不要说找不到真君子,连真小人也变得稀罕。"

林贤治更早地注意到这个"山之民"跟大海的无缘命运:"他刚刚出生就被扔进山谷里。整个中国都被扔进山谷里。幽深了两千年的山谷。开始便是结局,他无路可走。少年时击剑吹箫,英迈又温柔,想见石破天惊的刹那,所有峭厉的峰峦都化作浑圆的波涛,舞涌于眼底。然而,大小鬼蜮,早已占据了可供攀越的去处。大海不可即,大海只是一种怆痛无已的情怀。"

更多的中国人同样理解这个转型文明中最纯粹的大诗人。因为毛泽东的宣扬,大多数中国人都知道他的名字,有人回忆自己的青春少年:"少年时便晓得有个诗人叫龚自珍,不是因为渊博,而是在当时人手一册的《毛泽东选集》中读到了他的名字,还有一首诗:'九州生气恃风雷,万马齐暗究可哀。我劝天公重抖擞,不拘一格降人材。'这首诗打动了不少那时暂居山乡的少年,他们学识浅薄却自命不凡,身处卑贱而雄心万丈。及至年长,有机会细读了定庵的诗文,才发现他并不如想象中那样纯粹是个诗人,他有经学的渊博,小学的严谨,杂学的恣肆,释道的瑰丽神奇……他是富于激情的文学家,更是一个勇敢敏锐的思想家,风流儒雅中荡漾着一股勃然不磨的英气。"直到今天,书画家们在书写诗文诗意时,龚自珍的诗文仍是近两百年来的首选之一，跟屈原、陶渊明、李白、杜甫、苏东坡等人同列；后几位算是古典中国上升期的代表，而龚自珍是古典中国衰败期的代表。正如网友们公正评价说，同时代的乾隆和华盛顿一属古人一属现代人，一离我们很远一离我们很近。如果我们看龚自珍，也会发现，他比后来的曾国藩、左宗棠、李鸿章甚至王闿运等清末的精英更属于现代人。这种生命的人格成就使他超越了时代，超越了古今之变或传统与现代的断裂，以至于治学严谨的历史学者陈其泰先生都以感性的语言颂扬他："看龚自珍这个人！任何社会都有一抹亮光！"这个现实版的贾宝玉活得并不容易，但他克服了自己的时代，他也超越了自己的时代，把生命的能量铸化为汉语中国的灯塔。正如他预言过太平天国的到来，预言过新疆建省一样，他也预言过自己在未来的命运，"可能十万珍珠字，买尽千秋儿女心"。

曾国藩

1811—1872

立功、立德、立言

对我们中国人来说，处于一个过渡转型的时代是幸运的。尽管集体的心态表示说，宁做太平犬，不做乱世人，但确实，在混乱的自由中，人性的诸多可能性得以实现。平时卑微、平庸、犬马一样的生活在此自由和风险中，激发出人性的光芒，命运也回报人生以壮丽优美的风景。一句话，平时不起眼的平凡者一旦有了施展的平台，都表现出了了不起的才能和德行。对我们中国人来说，最重要的，不是回避乱世，而是个人应该学会如何适应乱世。现代社会被称为选举社会，选举其实是乱世的一种循环方式，资源的打乱重组、制度的保证和检验、风俗的转移、人的充分社会化，都在乱世里得以完成，并进入下一个其实也是短暂的选举前的平静期。这种良性循环的乱世乱局，西人将其定义为创造性断裂或持续不断的跃迁。

令人遗憾的是，王朝时代的乱世几乎都可说是恶性循环。在那些乱世中，唯一可以称道的是出了一些历史人物，他们的作用无非是补天、糊弄（李鸿章语）、维持、复制，很少进行制度创新、提供思想资源，很少开拓出另一种天地。如同当代人对"风口上的猪"的羡慕，很多人看到了乱局中的机会，"乱世英雄起四方"，但这些英雄，或添乱，或治平，在旧有的模式中难以超越。这些乱世人物中，曾国藩是一个极为经典的个案。

曾国藩是我国历史上最有影响力的人物之一，他头上的光环无数。他是我国近现代化建设的开拓者，在他的指导下，建造了我国第一艘轮船、第一所兵工学堂，他还组织人翻译印刷西方书籍，安排第一批赴美留学生。曾国藩也是思想政治工作或意识形态灌输的先行者，他自称"鄙人教练之才，非战阵之才"，他教导士兵"说法点顽石之头，苦口滴杜鹃之血"。他以儒家精神练兵，使湘军成为一支有主义、有思想的队伍，他的《爱民歌》启发了毛泽东写出《三大纪律八项注意》，蒋介石也将他的《爱民歌》印发给黄埔学生。曾国藩看到洪秀全崇拜上帝不合中国国情，写了一篇《讨粤匪檄》，他在"讨贼檄文"中骂洪秀全最激烈的一句话是："举中国数千年礼义人伦、诗书典则，一旦扫地荡尽，此岂独我大清之变，乃开辟以来名教之奇变，我孔子、孟子之所痛哭于九原！凡读书识字者，又乌可袖手安坐，不思一为之所也！"这在当时赢得了士绅阶层的支持，使得跟太平军的无义之战多少有了合法外衣，也因此注定了太平天国的失败结局。

我们中国自古有立功、立德、立言"三不朽"之说，有内圣外王的儒家标杆，真正能够实现者却寥若晨星，曾国藩算是其中之一。"从政要学曾国藩，经商要学胡雪岩。"自近代以来，曾国藩就被政界人物奉为"官场楷模"。他升官最快，三十七岁即官至二品；做官有道，政声卓著，治民有言；保官最稳，历尽宦海风波而安然无恙，荣宠不衰。他以汉人身份平定太平天国，"打下金陵者可封郡王"，虽然清廷食言，但他的事功当时已经王霸天下，动静间可以兴邦丧邦。他"匡救时弊"，整肃政风，学习西方文化，使得晚清出现了"同治中兴"；他一生致力结交、网罗、培育、推荐和使用人才，他的幕府几乎是历史上规模和作用最大的人才库之一，聚集了当时社会的人才精华。他一生推荐过的下属有千人之多，官至总督巡抚者就有四十多人。他们既有李鸿章、左宗棠、郭嵩焘、彭玉麟、李瀚章这样的政要高官，也有像俞樾、李善兰、华蘅芳、徐寿等一流的学者和科学家。曾国藩克己唯严，标榜道德，身体力行，获得了人们的拥戴。不仅如此，他还是齐家的成功典范，他的孝悌有目共睹，他的家书是传统家教的样板。官宦之家，大多盛不过三代，而曾氏家族却代代有英才，出现了像曾纪泽、曾广钧、曾约农、曾宝荪、曾宪植、曾昭抡等延绵至今的社会精英。

曾国藩在时人当中资质并不高，"属中等"，颇为钝拙。但他志向远大、性格倔强、意志超强，正所谓勤能补拙，从少时起，就"困知勉行，立志自拔于流俗"，天天写日记反省自己，一生中几乎没有一天不检视自己、教训自己。他待上、待下、待同事谦恕自抑，豁达大度，一生朋友很多，甚至受到对手们的尊重。他守着"拙诚",埋头苦干,不论遭受多大打击,都不灰心丧气,而能再接再厉,所谓屡败屡战。曾国藩的学问文章以经世致用为主,故"其著作为任何政治家所必读"(蒋介石),是一个"办事(干出事业)兼传教(留下思想学说)之人"(毛泽东)。《清史稿·曾国藩传》也说:"国藩事功本于学问,善以礼运。"有人说他是继孔子、孟子、朱熹之后又一个"儒学大师",他革新了桐城派的文章学理论,主持了道(光)、咸(丰)、同(治)三朝的文坛,可谓"道德文章冠冕一代"。

因此,可以说,曾国藩实现了儒生们梦想不得的大业。他被人称为"完人",算是我国儒家文化中结出的最后一枚硕果,曾得到一切外王如蒋介石等人的敬服,一切亲近传统的文士的瞩目。

可是后来的内圣、现代儒者或新知识分子,如章太炎、鲁迅、胡适、熊十力、梁漱溟,他们都很少关注曾国藩。曾国藩就像是在儒家史上画上了休止符,或如人言,是儒脉斜阳,自他消逝于历史的天空后,人们承接的就是现代的光芒。

这也正是曾国藩做圣做王跟现代扞格之处。从现代角度看,曾国藩的圣王威仪无论如何巍巍,他的面孔可还是太模糊了。人们可以欣赏左宗棠的张狂,可以感慨李鸿章的商痞,可以厌恶曾国荃的杀伐残暴,但曾国藩的完美太遥远了。哪怕素描曾国藩的人生行状，人们仍不理解他的内心，他是一种文化的综合，是超凡入圣、太上忘情的产物。

不能说他没有情感，只是他的情感深藏不露。他一旦学了理学家或道学家记日记，那么他所做的就是掩饰个性、灭掉人欲，成为"无我"。他在弱冠之年，给自己改号"涤生"，以求改过自新。十年后，他反躬自省，以为过失涤除未尽，且越来越多，是故举意勇猛改过。贪睡恋床，不能黎明即起，他骂自己"一无所为，可耻"；喜吟诗作赋，寻章摘句，未将精力用于经史等有用之学，他以为病症在好名，"可耻"；给地方官吏写信，亲切一些，则是"意欲饵他馈问""鄙极丑极"，应重写一函，"作疏阔语"；喜清谈，争口头便宜，那是妄语，若再犯，"明神殛之"；跟人说性事，"闻色而心艳羡"，是"真禽兽"；到朋友家看到有女子在座，不免激动，说了几句笑话，回家自责："放荡至此，与禽兽何异！"陪着夫人在家闷了，也立马警觉："余今闷损至此，盖周身皆私意私欲缠扰矣，尚何以自拔哉！立志今年自新，重起炉冶，痛与血战一番。而半月以来，暴弃一至于此，何以为人！"如此"日三省吾身"，十年终于有成，据说他在四十岁前后灭掉了人欲。但关于他的人生之谜中有一则是，在他五十一岁，咸丰帝大丧期间，密娶小妾，"违制失德"，故有人斥其为"伪君子"。当然，他仍未改掉讲笑话（今天叫讲段子）、爱论人是非的毛病。

这个资质中等、力行修身齐家的人获得了治国平天下的平台，在这平台上他以圣王的眼光，非凡的战略感、大局观和见识，平定了太平天国，为清廷补天成功。这种眼光还使他看到了社会上层的真相，他更知道上层能生人死人的权贵们有什么样的德行和才能。他从理学起步，却知道理学家们不成器，"朝中有特立之操者尚推倭艮峰（倭仁，晚清大臣），然才薄识短"。随着时代的变化，他也知道传统是不行了："艮相（即倭仁）老成宿望，近年势颇孤立。"他跟两宫太后有几次谈话，印象非常一般，认为慈安和慈禧的才德都很平常，跟他这样的国之栋梁难得见一面，却无话可说，只是应酬。掌握时局的军机大臣有恭亲王奕䜣、文祥、宝鋆，但奕太聪明，想法多变，是小聪明；文为人正派，却气量狭隘，不会用人；宝更提不起来。因此，可以说，当时国中，曾一人而已。如李鸿章评价的："朝廷乏人，取之公旁……知人之鉴，并世无伦。"

也因此，当时人都看出了他问鼎的能力，汉族士绅们尤其寄予了某些猜想，帝王学的大家王闿运甚至奔走其间。据说，左宗棠曾题神鼎山一联："神所凭依，将在德矣；鼎之轻重，似可问焉。"左将此联派专人送胡林翼转曾氏，请共同删改，试探胡曾二人意向。胡拆看后，一字不动，加封转曾，曾将"似"改为"未"，原封退胡，胡拆阅，在笺尾加了两句："一似一未，我何词费？"曾以一字之改表明未有问鼎之意,这个儒生一味自保,不愿捅破天空。有论者说,曾在打败洪秀全后如一鼓作气再夺天下,其一生恐怕也将困于战事,不可能再于洋务上有所成就,但是,曾的事功,包括推介西学洋务的成就主要集中在战时,战后他反而处处受制,什么事也没有干成。而当时最了解西方的悲剧人物容闳曾在回忆录里对他寄予了大希望:"曾文正者,于余有知己之感,而其识量能力,足以谋中国进化者也。"因此,我们大概可以说,谋中国进化,对曾来说,是不为也,非不能也。他谦抑太过,过犹不及,他成全的只是他自己。

政治方面的作为已经不可假设。更重要的是,他这种谦退自律,使得他只是做了儒家的好学生,而没能突破传统文化的藩篱。也许是他的知识太旧了,即使看了魏源、徐继畲等人"拿来主义"的工作,依然不愿思考一个中国人在世界中的位置和作为。他不是一个有思辨能力和原创能力的人,他的思考停止在跟列强平等交往以及以诚待人的基点上,再也没有前进半步。他的起点和终点都在于是否"弘道",或遵礼。章太炎谓曾国藩之起兵"平洪杨"并非"赞清",而是为了扶持"名教"。在曾国藩看来,一切治国活动,上至天文、地理、军政、官制,下至河工、盐漕、赋税、国用以及"平洪杨"这类军事活动和"曲全邻好"的华洋交涉活动,均属"礼",即道德实践活动的范围。

比较日本同时代的社会精英,如福泽谕吉们,致力于掉转船头，启蒙同胞，"脱亚入欧"，曾国藩们本是我国数千年未有之奇变中做启蒙的最佳人选，用今天的话说，他应是当仁不让的顶层设计师。但他宁愿沉默以保守某种清白，在铁屋里享用圣王之威福，也不愿告诉国人真相，甚至不曾如老子、孔子、庄子、韩非子那样思救周文之弊。而这种启蒙工作最终要人来做，曾国藩不做，他的幕僚和朋友如郭嵩焘、冯桂芬、容闳们做得不如意，直到又一个世纪开始，到孙中山政治革命之后，陈独秀、胡适、鲁迅们才差强人意地从文化启蒙的角度完成了对现代转型的某种注解。

曾国藩的面孔因此永远是模糊的，连他的朋友、亲人都难以猜透。这正是儒家文化到了极致处的表现，所谓高深莫测谓之神圣，他们永远不以最真实最本来的一面示人，永远需要人来猜测他们的情感、意志和认知。这一种人格或民族集体无意识的特征，可以概括为一个"忍"字，还可以变化为一个"拖"字，熟悉曾国藩和近现代中国史的人应该知道这两个字的意义。意味深长的是，当代的打工诗人许立志先生就曾经在学生时代的课桌上刻下这样几个字："中国人。忍。"据说曾国藩的子弟兵们有拥戴之意，他却写下一句"倚天照海花无数，流水高山心自知"来回应大家。

这个圣王因此缺乏近代以来中国人最宝贵的个体人格，缺乏"平易的物理和健康的人情"。他对平民大众的心思欲望视而不见，也缺乏同情之理解。他的残忍在中国的儒生中也是空前的。好些跟太平天国敌对的士绅也对曾国藩训练的军队之残暴印象深刻，如李圭说："至官军一面，则溃败后之掳掠，或战胜后之焚杀，尤属耳不忍闻，目不忍睹，其惨毒实较贼又有过之无不及。余不欲言，余亦不敢言也。"宁波被占领后，外国人感叹："宁波变成了一座死城，除了许多河道里充斥尸体，没有任何迹象表明它曾拥有五十万居民。"李鸿章等人攻占苏州，采用了骗降后杀降的手段，其欺瞒和屠杀之举，使英国人戈登"深感耻辱和极度伤心"，发誓要消灭李。后来李鸿章对他进行安抚，他仍然持保留意见，拒绝接收朝廷赏给他的一万两银子，他在朝廷的褒奖令背面写了一段话："由于攻占苏州后所生的情况，我不能接受任何标志皇帝陛下赏赐的东西。"

天京沦陷时，城里的太平军只有一万多人，其中还有幼天王等一部分人突围出城。"两广老贼，纷纷缒城而出。"但是曾国藩上报说：曾国荃率所部在南京城内，"分段搜杀，三日之间毙贼共十余万人。秦淮长河，尸首如麻"。就是说，三天屠杀了十余万南京居民。清人记载："金陵之役，伏尸百万，秦淮尽赤；号哭之声，震动四野。"所谓伏尸百万，除了战死者，就是曾国藩在城内外屠杀的平民。"皖南及江宁各属，市人肉以相食，或数十里野无耕种，村无炊烟。"曾国藩的幕僚赵烈文在《能静居日记》中记载破城后七天时他所目睹的情形："其老弱本地人民，不能挑担，又无窖可挖者，尽情杀死，沿街死尸十之九皆老者。其幼孩未满二三岁者亦斫戮以为戏，匍匐道上。妇女四十岁以下者一人俱无，老者无不负伤，或十余刀，数十刀，哀号之声，达于四远，其乱如此，可为发指。"天京城攻陷后，城内大火燃烧一周左右，大部分民房被毁。如此惨状，以至于清廷认真讨论，是否要把两江总督、江南布政使司的驻地移到扬州。曾国藩的幕僚还说："自湘军平贼以来，南民如水益深，如火益热。"直到湘军攻破南京三十年后，城内仍然萧条，谭嗣同感慨道："顷来金陵，见满地荒寒气象。"

这也许是曾国藩不得不为的霹雳手段，他扬言"即臣身得残忍严酷之名，亦不敢辞"，就是说，既然溥天之下莫非暴民，那么他施于其上也就是率土之滨莫非暴行。他也因此得到"曾剃头"的称号。一个圣人、完人得到民间如此"赐福"，不知道他的圣德如何附丽，大概只及于以他为中心的"差序格局"的小圈子内。这也是声称"民吾同胞，物吾与也"的不肖儒生们的真实面目，他们安身立命完全跟民众无关，跟个体无关；即使有关，也只是吸民脂民膏以成全自家的神圣。他的弟子兼接班人李鸿章后来访德，与俾斯麦闲谈时，曾夸讲自己打太平军的"功劳"。据小说家言，俾斯麦的反应是："欧洲人以杀异种为荣，若专杀同种，反属可耻。"

我们可以说俾斯麦的视野和格局不过是五十步笑百步，

但同胞相残、参与暴行、自居正义而杀人灭口等等，确实是从民众到精英都没有跳出的人性困境，今天全球化时代的反动，如民粹主义现象泛滥，同样说明这一困境仍是现代人不曾解决的问题。求解曾国藩的这一行为当然有着更深刻的意义，曾国藩们可能以为这是不得已。在世界历史上，这种暴行、杀戮、残忍几乎一脉相承，在人们心中也根深蒂固。底层的造反和上层的平叛，都意味着百十级、百千级、百万级乃至千万级的人头落地，那些"替天行道"的，也同样沾染了血污。

我们因此不难理解曾国藩的千秋功罪在历史长河里引起的回应，这一回应固然有荣光的一面，但不可否认还有着对他个人和他的子孙施加报应的一面。他在很长时间里都被批判，因为他是"地主阶级最厉害的人"，是"最反动、最黑暗、最腐朽、最没落、最奴性"的代表人物，他的坟墓多次被挖，死后难得安宁。这些历史之手施予的报复在今天不能只是令人唏嘘的材料，更应该是我们寻找人性救赎的教训。在这个意义上，曾国藩同时代的俄罗斯人陀思妥耶夫斯基有着至今堪称现代性的极致判词："哪怕是用婴儿的一滴眼泪来换取进入天堂的门票都是不能接受的。"无论要在地上建天国的太平天国，还是毁灭太平天国以建中兴盛世的曾国藩，都是与我们人类的本体之善有距离的，都是我们现代人性不能接受的。

即使曾国藩的内圣功夫足够给人激励，但他的圣明跟先圣相比仍要大打折扣。孟子在回答"天下恶乎定"时明确回答并展开说，"定于一""不嗜杀人者能一之"。同样的平叛，曾国藩的事功较之王阳明来就明显不及。当然，曾国藩面临的考验大过王阳明很多。但曾国藩让太平天国的领袖们挫骨扬灰，以至于后来掘坟陈尸成为华夏大地上的常态。曾国藩在跟赵烈文的谈话中已经表明，他清楚王朝政治已到末日。赵烈文明确预言清朝只有五十年的"寿命"，但曾国藩不做任何改变，他是王朝政治的老实和尚，做一天和尚撞一天钟。严重的社会危机、政治危机、华夏文明跟异质文明的相处和共处等等，他都懒得从长计议了。

也因此，无论是曾国藩还是李鸿章，这些在顶层参与规划设计的大人物们，他们对现代中国的建设之功几乎是不及格的，他们的启蒙反而不及早于他们的一两代人，如龚自珍、魏源、徐继畬。无论是曾国藩还是李鸿章，几乎都是人亡政息，甚至带来了再无义战的军阀混战时代。到革命党人登上历史舞台，他们痛心疾首于数千年的文明演进和大清中兴的成果，到了当时只是"一穷二白"的局面。而与曾国藩同时代的人，乃至五四运动时期、民国时代的人，绕过他这位名臣名儒的事功，多从龚自珍等人那里吸取思想资源。确实，比起龚自珍等人的现代精神，曾国藩反而更像是离我们遥远的古人。后来的儒家圣贤们，如马一浮、熊十力，也深刻意识到儒家在现代世界必须直面人性的坎陷和完善问题，现代人必须回答复性问题，以恢复人的本然之善来安身立命。

当然，尽管曾国藩没有为现代中国提供多少启蒙的资源，没有为儒家的现代化提供活的观念或思路，但他个人仍有现代人可效法可学习的东西。一部分人从他的内圣外王的成绩中看到了榜样，一部分人则从他的修身中获得了人生励志的教益。确实，无论家国天下等大的方面，还是个人的安身立命等小的方面，曾国藩的成绩都可圈可点。在那样一个乱世，国民的生存同蝼蚁一般，那么多聪明的人、那么多有资源的人、那么多有才华的人都难以担当为生民立命的责任，是曾国藩等人站起来倔强地承担了这一现实工作；尽管曾国藩并没有为同胞们安身立命，但至少让大部分国民还能暂时活命，让一个王朝暂时有了中兴繁荣的气象。用后来思想家的话语，"暂时做稳了奴隶"岂非强胜过"想做奴隶而不得"？一个中等资质的人做出了近一流的成绩，而他的秘诀卑之无甚高论，几乎人人可学，人人可为。他在家书中提炼的治身治家八个字，"书、蔬、鱼、猪、早、扫、考、宝"，用当代人的话说，极具可操作性，极具生活的仪式感。

也许距离太近的缘故，近现代的很多人都对曾国藩推崇备至，梁启超先生的评价就很有代表性："岂惟近代，盖有史以来不一二睹之大人也已；岂惟我国，抑全世界不一二睹之大人也已。然而文正固非有超群绝伦之天才，在并时诸贤杰中称最钝拙；其所遭值事会，亦终身在拂逆之中。然乃立德、立功、立言三并不朽，所成就震古烁今而莫与京者，其一生得力在立志自拔于流俗，而困而知，而勉而行，历百千艰阻而不挫屈，不求近效，铢积寸累，受之以虚，将之以勤，植之以刚，贞之以恒，帅之以诚，勇猛精进，坚苦卓绝。""吾以为使曾文正生今日而犹壮年，则中国必由其手而获救矣。……吾谓曾文正集，不可不日三复也。"梁启超的评价虽然有其一贯的夸张，但曾国藩确实以一平凡之人而创建了非凡的事业。在曾国藩面前，我们真的不必妄自菲薄，对人生社会也应有当仁不让的创造功行。

张謇

1853—1926

故乡成就一生的事业

我们中国的历史，在现代转型完成之前，多半是属于帝王将相、圣贤才子、英雄豪杰的历史，这种历史使得名人可扬乡土，所谓地以人传。它反证芸芸众生的卑微和地方生态的荒凉，必得一两个人物出现后才能进入国家社会的"公共空间"。近代中国在现代转型之中，仍受制于这种史观或史实，而湖湘、江浙、广东等地人才辈出，扮演了中国历史舞台上的重要角色。这些名人虽然使得家乡广为人知，但其人生舞台多半跟家乡没有关系。翁常熟、李合肥、袁项城、康南海、梁新会，这些大名鼎鼎的人物成功后并没有多少努力"回向"故乡。但也有例外，大清的状元张謇不仅跟故乡南通的关系密切，而且在故乡成就了自己一生的事业。

说起张謇的科第之路，倒是坎坷可书。科举之途，从秀才、举人到进士，跟当代的高考有同有异，高考是国民学校教育的重要关口，科举则是子民学而优则仕的敲门砖，因此，方法、手段相同，目标、路线不同。高考针对青少年，科举则不分童稚、少年和苍髯白头。张謇在科举这条士大夫的必由之途上，也走过了漫长的道路。

清咸丰三年五月二十五日（1853年7月1日），张謇出生于江苏海门常乐镇（今南通海门区常乐镇），兄弟五人，他排行第四，故南通民间称他为"四先生"。张家世代务农，到张謇父亲时，已置田二十余亩，并兼营糖坊。张謇少时即表现出了读书人的天分，五岁即能背诵《千字文》；入邻塾，至十一岁时，已读完《三字经》《百家姓》《大学》《中庸》《论语》等私塾所教的基本书籍。从对对子这一汉语教学中可以看出他的聪颖机敏和关怀宏远，他以"日悬天上"即刻对出老师所命的"月沉水底"。十二岁时，老师见一武官骑马从门前而过，即兴作上联"人骑白马门前去"，张謇随口而出下联"我踏金鳌海上来"，比较起来，他三哥对的"儿牵青牛堤上行"就显得朴实、浅近了。老师对张謇寄予厚望，但也不溺爱。十四岁时，张謇转学到西亭宋琳处读书，他先后应如皋县试、通州州试，县试通过而州试成绩欠佳，名列百名之外，受人讥笑。另一老师宋琛对张謇大加嘲讽："如果有一千人应试，取九百九十九名，不取的那一名一定是你张謇！"由此引起张謇发奋读书，在书房窗户和帐顶写上"九百九十九"五个醒目大字。枕边置放两根短竹，睡时夹住自己的辫子，稍一转头或侧身就会被扯痛而醒，醒则起身读书，每夜读书"必尽油二盏"，看见"九百九十九"往往泪如雨下。为防夏夜蚊叮虫咬，便在书桌下摆放两坛，将双脚置于坛中。而功夫不负有心人，十六岁时张謇就考中了秀才。

因为祖上是三代没有功名的冷籍，为了走上科举正道，经人安排，张謇冒用别人的名号报名，这类似于高考生假冒籍贯，虽然顺利过关，但张謇冒用的一家贪得无厌、索酬无已，后控诉于官府，借官勒索，于是"冒籍案"发。连年缠讼，使吃了官司的张謇吃足了苦头，家道也转入困顿。幸而通州知州孙云锦、江苏学政彭久余等人怜士惜才，费尽周折，才使张謇重归通州原籍。这样的经历，对张謇来说，可谓奇耻大辱。他后来总结自己的人生心路说："自弱冠至今三十余年中，所受人世轻侮之事，何止千百！未尝一动色发声以修报复。惟受人轻侮一次，则努力自克一次，以是至今日。"又说："进德之积兮，则在不与世界腐败顽劣之人争闲气，而力求与古今上下圣贤豪杰争志气。"

张謇的考试之路并不顺利。从十六岁录取生员起，中经十八岁、二十一岁、二十三岁、二十四岁、二十七岁前后五次赴江宁府应江南乡试（俗称南闱），均未中试。直至光绪十一年（1885）三十三岁时，因孙云锦官江宁府尹，子弟依例回避，张謇转赴顺天府乡试（俗称北闱），取中第二名举人，俗称"南元"（南人列北榜名次最先者），他的名声才渐渐在士林传开，成为朝廷派系延揽的对象。清流派的翁同龢、潘祖荫等人对张謇有提携之意，"期许甚至"，"荐而不中"，几次误把他人卷子认作张謇的而取中会元：张謇三十四岁应礼部会试不中；三十七岁赴会试，试卷为无锡孙叔和所冒，孙中而张落；三十八岁应会试，场中误以陶世凤卷为张謇卷，陶中会元而张落第；四十岁赴会试，试卷又被武进刘可毅所冒，刘中会元而张又落第。

从小考到大魁，先后二十六年。岁试、优行试、录科等十次（各处书院考试还不在其内），加上乡试、会试、殿试共二十二次，先后在考场中度过一百六十多天。三十四岁、三十七岁、三十八岁、四十岁四次会试，都没有考中。屡屡败北，使他一度灰心丧气："栖门海鸟，本无钟鼓之心；伏枥辕驹，久倦风尘之想。"但到头来他还得拼搏于考场。北洋大臣李鸿章、张树声和吴长庆等人曾推荐他到朝中任事，他觉得自己功名未成而坚辞不受。张树声做总督时再次延请张謇前去任事，他仍然婉言谢绝，这就是他"南不拜张北不投李"的由来。

考场不果，他的人生就全为此功名之心充满。四十一岁前他做了不少实事，跟朝中大臣、封疆大吏做事，但没有考取功名总让他觉得不能一展才华，"为国家伸眉，书生吐气"。好在张謇懂得上进，他在考场上的挫折，不妨碍在学业上的进步。光绪五年（1879）的三院会试之后，担任副主考的总督沈葆桢在病榻上曾托人传话给他："做文章不可只学班书，要着重看《史记》。"张謇因此下功夫钻研太史公的著作，还学习《管子》《晏子》等历代著作，大量阅读明、清地方志书，日积月累，博闻强识，打下了坚实的基础。他多次落第，引起不少人的同情。工部尚书、光绪帝的师傅,跟南通只有长江相隔的常熟人翁同龢等人想让张謇管国子监南学,对他说:"南学的诸生愿为你捐纳学正官,留管学事。"那时他年已四十,考进士屡汰不中,以后有没有希望很难说,有此机会对别人可谓求之不得,但他仍"峻词以拒"。这种局面终因慈禧太后六十大寿设恩科会试有了改变,张謇多了一次机会,而翁同龢在让张謇过关这件事上几乎"志在必得"。

光绪二十年(1894),张謇奉父命再次进京参加礼部恩科会试。他在二月的礼部会试中考中第六十名贡士,在三月的礼部复试时中一等第十名,"初定十一,常熟师改第十";在四月殿试时,张謇的"常熟师"翁同龢命收卷官坐候张謇交卷,然后直接送到自己手里,匆匆评阅后,大加赞赏,提笔批了几个大字:"文气甚老,字亦雅,非常手也!"翁还做了其他阅卷大臣的工作,众主考官经过争议,最后基本同意翁同龢的意见,将张謇列为第一名进士。在向光绪帝引见时,翁同龢特地介绍说:"张謇,江南名士,且孝子也。"张謇得中一甲一名状元,照清廷惯例,新科状元张謇被钦授为从六品翰林院修撰。

但中年成功的张謇已经看淡功名。他登上了科举制度的金字塔顶,本可以攀爬官僚体系那座更高也更为显赫的山峰。翰林院地居清要,三年后经过考校评定等次,或以编修检讨留院,或以主事分各部尽先任职,或以知县由吏部以实缺选用，然后再一步一步攀高，直至封疆大吏或朝廷重臣。他夺魁之后，有同窗好友在南通建造一亭，取名"果然亭"，寓意功夫不负有心人，功名果然到手。张謇亲自改为"适然亭"，并手书一副楹联："世间科第与风汉，槛外云山是故人。"他仍然有风云之志、机敏之才。据说有一次他陪伴太后，雪霁天晴，后宫缸口有一圈残雪，慈禧出了一道上联"雪落缸口，天赐一条玉带"，张謇随即应对"虹出海外，地涌半副金环"，慈禧大为高兴。但他的观念已经跟一般的学而优则仕的士绅大为不同了。有一次，张謇随同文武官员迎候慈禧太后回宫，当时狂风呼啸，大雨倾盆，许多白发苍苍的老臣跪迎道路两侧，积水盈膝，全身匍匐。长长的仪仗队吆五喝六地走过来，慈禧太后坐在后面的轿子里，连轿帘也没掀，不理会众臣，就晃晃悠悠地过去了。据说这件事对张謇刺激很大：堂堂七尺男儿，怎能做这种官？他因此产生了回乡之念。

不久，张謇接到父亲病危的电报告假回家，当他赶到家中时，父亲已经去世。他以未能亲奉老人归天为终生憾事，直至七十一岁修订《年谱》时还说："一第之名，何补百年之恨；慰亲之望，何如侍亲之终。"按照惯例，他得为父丧守制三年，这也正好让他摆脱朝廷内的派系斗争。回籍的第二年，即1895年4月，甲午战争失败的大清帝国派李鸿章为代表，在日本马关春帆楼签订了《马关条约》，使中国的主权进一步丧失。"四万万人齐下泪,天涯何处是神州!"张謇丁忧在家,"既成进士而父见背,不及视含殓,茹为大痛,国事亦大堕落,遂一意斩断仕进"。

1895年成为当时中国国士们的选择之年。简在帝心的康有为选择了变法,上书无望的孙中山选择了革命,张謇以状元之身选择了实业。他们都要为时代注入活力,康有为和孙中山的选择是做中国历史的操盘手,"彼可取而代之",张謇却在傍近实权人物的经历中知道如何经营实业,大丈夫当如是,靠实力说话,实业救国。传统士绅一向轻视商人、实业,直到今天,儒生、儒家思想能否与现代商业精神并行不悖仍有争议,但在中国的现代转型历史上,一些中国人却成为力行者。张謇由儒入商,成为儒行商界的时代人物。为了"开风气而保利权",实力派人物、两江总督张之洞正式札委张謇经理通海一带商务,要求他招集商股,在通州兴办纱厂。张謇踌躇思索多日,认定"中国须振兴实业,其责任须在士大夫",慨然应允。他为此辞官并屡召不应,"吾通因世界之趋势,知文化必先教育,教育必先实业"。

张謇创办了中国人自己的纺织厂——大生纱厂,出自儒生们服膺的一句名言:"天地之大德曰生。"大生的寓意是:"通商惠工,江海之大;长财饬力,土地所生。"张謇的解释是:"一切政治及学问,最低的期望,要使得大多数的老百姓都能得到最低水平线上的生活。"他认为富国强民的基础是农业，根本是工业。工业中又可分为"至柔至刚"（或曰"至黑至白"）两类：至刚至黑的是钢铁，至柔至白的是纺织。这就是他所谓的"棉铁主义"。张之洞发展了钢铁业，他则要从纺织业入手，营造独立的近代民族经济体系，进而参入全球范围的"文明竞争"。从1899年开车纺纱至1913年，大生纱厂共获净利约五百四十万两白银，发展成为拥有资本二百万两和六万七千纱锭的大厂。

在当时，由"做官"变为"做事"，困难重重。在大生纱厂内，曾悬挂过画师单竹荪绘制的四幅"厂徼图"，分别名为《鹤芝变相》《桂杏空心》《水草藏毒》《幼小垂涎》，由张謇的好友顾锡爵题诗作注，即大生纱厂的发展诗画史。《鹤芝变相》中的"鹤"指潘华茂，字鹤琴；"芝"指郭勋，字茂之。他们是大生纱厂在上海的董事，曾承诺筹集股金四十万两，但直到厂址择定开始购地建房的时候，潘、郭的股金还分文未见。后工厂改为官商合资，潘、郭承诺筹股二十万两，后来又改变承诺，只答应筹股八万两。最后未交一分一厘，公然退出董事会，使大生纱厂创业伊始就遭遇了一次危机。《桂杏空心》中的"桂"指江宁布政使桂嵩庆，"杏"指官僚买办盛宣怀（字杏荪）。盛曾许诺筹资二十五万两，桂曾许诺助筹五六万两，但二人后来食言自肥，见死不救，使张謇"中夜旁皇""忧心如捣"。《水草藏毒》讽刺通州知州汪树堂及其幕僚黄阶平，他们煽动士人递呈抗议，聚众滋事，给张謇加上了办厂扰民的罪名，多次给大生纱厂设置障碍。《幼小垂涎》影射上海商界巨子朱幼鸿、严小舫。当时大生纱厂纺机一开，每日需耗工本四千两，不到三个月，三十六万两流动资金即已耗尽，朱、严却想乘此危难之际巧取豪夺。为创办纱厂，张謇曾"反复筹虑，彻夜不能寐，绕屋而走"，在进退维谷的时候，他只得低下头来，"忍侮蒙讥，伍生平不伍之人，道生平不道之事，舌瘁而笔涸，昼惭而夜搤者，不知凡几"。大生纱厂创办之时，张謇亲自撰就一副楹联："枢机之发动乎天地，衣被所及遍我东南。"这副对联后经翁同龢手书，道出了纺织工业关乎国计民生的重要性。翁还为张謇力行之画题诗："一水分南北，劳君独荷锄。"

大生纱厂的成功，使张謇在兴办实业的路上高歌猛进。光绪二十九年（1903）始，他创办了通州大达小轮公司、上海大达轮步公司、达通航业转运公司、大中通运公行、泽生水利船闸公司，修筑了大生三厂至青龙港铁路，在江海大平原上构建成纵横交错的交通运输网络。他的产业链蓝图也变为现实，先后创办了通海垦牧公司、资生冶厂、资生铁厂、广生油厂、复新面粉厂、阜生蚕桑染织公司、颐生酿造公司、淮海实业银行、同仁泰盐业公司与渔业公司、翰墨林印书局、大隆皂厂、懋生房地产公司、大昌纸厂、大聪电话公司、大达公电机碾米公司、通燧火柴厂、通明电气公司、镇江笔铅公司、耀徐玻璃厂、上海闸北房地产公司以及有斐旅馆、南通俱乐部、桃之华旅馆等数十家企业，并开发苏北沿海滩涂，创立了二十多家垦殖公司。涉及纺织、垦牧、盐业、蚕桑、染织、油料、面粉、肥皂、印书、造纸、电话、航运、码头、银行、火柴、电力、房产、旅馆业等民生的众多领域。1912年至1921年，张謇的大生系统获得空前发展，一度成为全国最大的民族资本集团。

在发展实业的同时，张謇又努力兴办新式学堂。"举事必先智，启民智必由教育。"1902年全国第一所民办师范学校"通州师范学校"由他首创，随后通州女子师范学校、师范附属小学、南通私立甲种商业学校、私立南通医学专门学校、南通农业专门学校、南通纺织染传习所（次年改称南通纺织专门学校）、南通狼山盲哑学校先后建成。1920年，他将医、纺、农三个专门学校合并为后来的南通大学。美国教育家杜威为此称道："南通者，教育之源泉，吾尤望其成为世界教育之中心也。"张謇还在南京创办河海工程专门学校，在吴淞创办商船学校，资助马相伯创建上海震旦学校、复旦公学，倡议和推动两江师范学堂（今南京大学）引进人才。"世变亟矣，不民胡国？不智胡民？不学胡智？不师胡学？"

经过张謇的筹划，短短二十来年的时间，南通在相对封闭落后的基础上起步，从无到有，由少到多，迅速建立起几乎所有的近代文化形式，如体育场、博物馆、公园、图书馆、剧场。他全力打造出一个新南通。他首创的"南通博物苑"就是我国第一个博物馆，杜威、梁启超、竺可桢、丁文江、陶行知等人都曾到博物苑参观过，惊叹张謇开放的视野和博物苑所达到的水准。从1909年元旦开始，博物苑有人每天测得气象预报，交给当地报纸登载。从那时起，当地人的生活就和博物苑联系在一起了。1921年，竺可桢谈起中国仅有的两座气象台，其中一座就在南通博物苑。

张謇的南通建设几乎都做到了移风易俗，如更俗剧场，由张謇和欧阳予倩亲自拟定了十二条场规，诸如凭票入场，对号入座，不另加座，不带小孩，不高声怪叫，不吹口哨，不戴帽子，不随便走动，等等。还特别不许嗑瓜子，如有带入场的，由门警婉劝留下，出场时再交还。后来设儿童两名，身穿红背心，上绣"敬请诸君勿吃瓜子"八个白字，时常在通道上走动，使人注目。他对南通地区的设计比今天的区域发展战略规划还要远大，他有预见性，因为《史记》说过"一年而所居成聚，二年成邑，三年成都"，因此他从来不是机械地设计五年、十年的繁荣，也不流于第三世界对国际都市的想象，追求那种大而无当的"高大全"式的乌托邦。他对公园情有独钟，"公园者，人情之囿，实业之华，而教育之圭表也"。他在城区修建城市公园，1918年扩展为东、南、西、北、中五所小型公园，谓为"五山以北五公园，五五相峙"，"一邑之中一大苑"。他对城乡的发展不局限于一地："一个人办一县事，要有一省的眼光；办一省事，要有一国的眼光；办一国事，要有世界的眼光。"

张謇期望通过建设南通，建设一个"新新世界"，继而能够推广至全国。在张謇的区域整体协调发展思想中，"村落主义"堪称新农村建设。他创建的垦牧公司极有意义，不仅是为了围海造田，为了水利之兴修与土地之改造，而且还是在为现代农村建设找出路。他认为："生人要素为衣食住，衣食住之原在农……"他理想的农村人居环境："各堤之内，栖人有屋，待客有堂，储物有仓，种蔬有圃，佃有庐舍，商有廛市，行有涂梁，若成一小世界矣，而十年以前，地或并草不生，人亦鸡栖蜷息。"

也许正是这种务实精神，使他对执相的理想有所保留。辛亥革命后，他和孙中山第一次会面，在日记中，张謇写下了对孙的印象："不知崖畔。"他以为孙中山没有办过实业，把事情想得太简单和浪漫。尽管他后来意识到革命的伟力，他尊崇孙中山的人格和革命功绩："从历史看来，中国革命之第一人，要首推商汤。……孙中山之革命，则为国体之改革，与一朝一姓之更变，迥然不同。所以孙中山不但为首创民国之元勋，且为中国及亚东历史上之一大人物！"在当时，他担任了孙中山任临时大总统的民国实业总长，但他站在实力派袁世凯一边，他选择了有军力的袁世凯。他看不上袁，曾经在日记中评袁："是儿反侧能作贼，奈何！"又对袁倾向革命心存幻想："是儿反正，亦可利天下。"他的思想也从热衷君主立宪转而拥护共和，他跟时势走，移步随形，认识突变："黄帝以来五千年君主之运于是终，自今而后，千万年民主之运于是始矣。"但他仍对一切权势抱有同情，清帝逊位，由胡汉民推荐，张謇起草了《逊位诏书》。从宏观的角度，既明示清帝逊位的"大德"，又宣告世人应遵循历史潮流，步入共和行列。

这个跟实力站在一起的书生因此在乱世的清末民初做成了不少事。据说孙中山曾对张謇的儿子张孝若说："我是空忙。你父亲在南通取得了实际的成绩。"张謇自称"老书生"，但在朝在野他都有支持者，他实际上是传统中国可通朝政的缙绅之士，只不过，传统中国没有出现他那样通天的士绅。在官产学分工细密的现代社会，也同样出现不了他那样在官商等领域出入自如的士绅。正是刘坤一、张之洞、端方、袁世凯、孙中山等朝野人士的支持，使他在那样乱纷纷的年代，建成了像南通那样绅重官轻、高度自治的"模范县"。他的挚友刘厚生说他："似乎是一个结束两千年封建旧思想、最最殿后而值得注意的大人物，同时亦是走向新社会，热心向社会服务的一个先驱。"

这个历史人物，从很多方面看，应该是成功的。但当时，年轻一代的国士胡适为他盖棺论定："张季直先生在近代中国史上是一个很伟大的失败的英雄……他独立开辟了无数新路,做了三十年的开路先锋,养活了几百万人,造福于一方,而影响及于全国。终于因为他开辟的路子太多,担负的事业过于伟大,他不能不抱着许多未完成的志事而死。"张孝若对胡适的评价也深有同感:"你说我父为失败的英雄,这话确当得很,就是我父本人也承认的。因为他生平志事没有实现的,何止百分之八九十,只遗留了许多实地测验的具体计划。数十年来,他想办地方普及教育和民兵制度,没有成功;他想办通海一带大电力厂、大纺织印染厂,没有成功;他想垦辟沿海几百万亩的荒田,没有成功;他想疏治淮、运、江、湖、松、辽诸水道,没有成功;他想实现棉铁政策、改革盐法和划一度量衡,没有成功……没有成功,不是失败吗?"

胡适并没有说明白,张謇的"失败"是"实业救国"道路的失败。张謇的救国救世来源于他对实力的追逐,跟实力在一起才踏实。但实力在他那里多指一国的资源、教育、实业等,他没有像康有为、孙中山那样去思索实力的精神、制度、体制含义。没有精神奠基的教育是流于奴性的应试教育,没有制度保障的资源是无效和受尽污染的资源,没有政体支持的实业是沙滩聚塔。自张謇、卢作孚以来,直到当代企业家们,其一生的努力多如空梦一场。事实上,从后发国家的现代化早期,一直到中期,即改革的深水区阶段,思想观念都具有优先性,"转变观念"曾经是当代社会的热词。可见,思想观念的高下或终极与否,才是个人救赎或救世救国的关键要素;否则,个人和时代都会在能量消耗中遗憾落幕或望洋兴叹。

这也是张謇虽在时代面前堪称大人物、大事功,但时过境迁,他的成绩就只是一时一地的根本原因。换句话说,张謇是南通之张謇、工业之张謇,在中国之张謇、世界之张謇、立德立言之张謇等天命召唤里仍可望不可即。没有后者为基础,前者的事功也行之不远。在张謇去世前,他的"新新世界雏形"已经从根底上松动。到1925年,仅大生一厂的债务已经高达九百零六万九千两白银以上。他的事业已经遭遇了全面的危机,一直到他离开人世前,也没有看到真正的转机。张謇陷入实务中,未能反省他一生的道路,他留下的只是感叹:"謇不幸而生中国,不幸而生今之时代。""生已愁到死,既死愁不休。"

幸运的是,张謇的实业在当时感动了国人,世所公认,他是中国近代实业史上的第一人。1937年中华书局印行的《中国百名人传》,首为黄帝,末乃张謇。他实业的一部分至今仍令大众受惠。张謇把南通这个偏远的小县创造成全国性的现代城市。南通以其极富现代意识的建筑规划被当代建筑大师吴良镛教授称为"中国近代第一城"。有人说:"在这座城市里,几乎每个角落都可以看见张謇时代遗留下来的实业，大至南通的一厂一校，小至南通的一桥一路，均是他个人意志的体现。作为南通实业的缔造者，张謇的印记与南通永远地烙在了一起。"南通有个说法是"一山一水一人"——山是狼山，水是濠河，人是张謇。人们用文学的语言表达说：大多数南通人的小学、中学，甚至大学生涯都是在张謇创办的学校里度过的。大多数南通人至少有一个亲戚在张謇创办的工厂里工作过。南通人最常去的电影院是更俗剧场，张謇当年在这里接待过欧阳予倩、梅兰芳、袁克文。每个南通人都在濠河岸边的公园里散过步，晒过太阳，打过水漂，这个公园只是张謇当年规划的五个城市公园之一。

有此已经不朽。何谓不朽？乱世中的穆叔回答范宣子说："太上有立德，其次有立功，其次有立言。"穆叔还说："禄之大者，不可谓不朽。"就是说，官当得大，不能算不朽。乱世中的张謇曾说："天之生人也，与草木无异。若遗留一二有用事业，与草木同生，即不与草木同腐。"他知道自己的失败，但他同样知道自己的不朽，是以他为自己的墓门写下了对联："即此粗完一生事，会须身伴五山灵。"他长眠于南通的五山，已经成为山川的一部分。

谭嗣同

1865—1898

为变法，可流血

谭嗣同，湖南浏阳人，字复生，号壮飞，又号华相众生。1865年出生于京城，父亲谭继洵曾任清政府户部郎中。生母徐氏出身贫寒，作风勤朴，督促谭嗣同刻苦学习。十岁时，嗣同拜浏阳学者欧阳中鹄为师。在欧阳的影响下，嗣同对王夫之的思想产生了兴趣，视野变得开阔，以文明为关注对象。

嗣同读书广博，追求经世济民，对传统的时文八股极反感，曾在课本上写下"岂有此理"。嗣同心胸坦荡，为人仗义，颇仰慕古代侠士。十二岁时开始随"通臂猿"胡七与"义侠"大刀王五学剑习武，当时与他形影不离的是一把"七星剑"。同年，又师从涂启先，系统学习中国经典，并接触算学、格致等自然科学。

嗣同十二岁时，家庭遭遇了一件至惨之事，长兄、二姐与他的母亲在五天之内相继死于瘟疫。嗣同自己亦是绝三日而复苏，故其父字之以"复生"。因为亲母之死，嗣同"为父妾所虐，备极孤孽苦"。嗣同在家中受继母歧视，他后来追述说："吾自少至壮，（遍）遭纲伦之厄，涵泳其苦，殆非生人所能任（忍）受。"这种遭遇，使他对封建社会的丑恶感受尤深。

作家高阳认为，中国旧时大家庭中，遭遇如嗣同的少年极多，若能成长，性格往往偏激狭隘。只有极少极少的人，以性向差异，机缘不同，或为高僧，或为大英雄。如嗣同，由于禀赋特厚，这些"孤孽苦"反而成为鞭策的力量，能激发其宏愿伟力，一心一意建大功德、大功业以普救世人。

十三岁时，嗣同第一次回到家乡浏阳，在"大夫第"生活。据说，他三更灯火读书，闻鸡起舞击剑。此后又到兰州，在做甘肃道台的父亲身边读书。

嗣同幼好为骈体文，缘是以窥"今文学"，其诗有"汪（中）魏（源）龚（自珍）王（闿运）始是才"之语，可见其向往所自。善文章，好任侠，人们评论他"类战国时人物"："看其照片，月白长衫，内着黑色玄衣，左手叉腰，目光炯炯，虽是书生之相，但飘逸风流，勃勃有英气。"他的二哥嗣襄"好攀登屋脊上，又善骑，挥鞭绝尘，穷马力然后止"，尚武的志趣十分明显。嗣襄活泼爱动、喜欢习武的天性对嗣同产生了巨大影响。嗣同的两位武教师王正谊（大刀王五）与胡致廷（通臂猿胡七）则对他关爱有加。

英雄剑胆琴心，抚琴愉悦性情，倚剑壮大胆量，柔情侠骨，亦儒亦侠，刚柔相济，嗣同可谓得其精粹。十七岁时，谭家宅院有两棵高约六丈的梧桐树，其中一棵被雷霆劈倒，九年后嗣同以梧桐残干制成两张七弦琴，命名为"雷残"与"崩霆"。"雷残琴"的琴铭为："破天一声挥大斧，干断柯折皮骨腐。纵作良材遇已苦，遇已苦，呜咽哀鸣莽终古！""崩霆琴"的琴铭为："雷经其始，我竟其工。是皆有益于琴而无益于桐。谭嗣同作。"

十八岁时，嗣同写作名词《望海潮》："曾经沧海，又来沙漠，四千里外关河。骨相空谈，肠轮自转，回头十八年过。春梦醒来波，对春帆细雨，独自吟哦。惟有瓶花数枝，相伴不须多。寒江才脱渔蓑，剩风尘面貌，自看如何。鉴不因人，形还问影，岂缘酒后颜酡，拔剑欲高歌，有几根侠骨，禁得揉搓？忽说此人是我，睁眼细瞧科。"

二十岁时，嗣同离家出走，游历直隶（今河北）、甘肃、新疆、陕西、河南、湖北、江西、江苏、安徽、浙江、山东、山西等省，行程八万余里，足迹遍布十三省，观察风土，结交义士，拜访名家，大开眼界。他的印象是："风景不殊，山河顿异；城郭犹是，人民复非。"

壮游期间，谭嗣同意外地得到了宋人文天祥的两件旧物："蕉雨琴"与"凤矩剑"。文天祥是嗣同生平敬重之人物，其所留"蕉雨琴"的琴铭是："海沉沉，天寂寂，芭蕉雨，声何急。孤臣泪，不敢泣！"

1889年，嗣同又得著名学者刘人熙的指导，认真研究王夫之等人的著作，同时又广泛搜罗和阅读当时介绍西方科学、史地、政治的书籍。

1894年爆发的中日甲午战争，中国惨败，经营二十年的北洋海军全军覆没，中国被迫与日本签订了《马关条约》。当是时，嗣同正在湖北，协助几年前升任湖北巡抚的父亲赈灾。当他听到甲午惨败、马关签约的消息，受到极大刺激，悲愤异常。嗣同后来写诗："世间无物抵春愁，合向苍冥一哭休。四万万人齐下泪，天涯何处是神州！"他说"中外虎争，文无所用"，由是自号"壮飞"，称其居处为"壮飞楼"。

1895年5月2日，康有为联合在京参加会试的一千多名举人上书清政府，要求拒和、迁都、变法。在变法思潮的影响下，嗣同"详考数十年之世变，而切究其事理"，苦思精研挽救民族危亡的根本大计。

1896年，嗣同三十二岁，于京城结识了吴雁舟、夏曾佑、吴季清等人，吴、夏诸人均为一代佛学名宿，嗣同由此而倾心于佛学。同年夏，在南京认识著名近代佛学家杨文会居士，从杨文会学佛。嗣同曾说道："吴雁舟先生嘉瑞为余学佛第一导师，杨仁山先生文会为第二导师，乃大会于金陵，说甚深微妙之义，得未曾有。"嗣同虽学佛甚晚，然其为学根基极其厚实，早年所学驳杂博深，孔孟墨庄、理学心学、耶教科学等无所不窥，及至学佛，方才可以佛学统摄诸学问，渐渐以佛学为本，而引导其"仁学"之义理。嗣同以发宏愿，以精进心而后来居上，总计一年有余，而能遍览三藏，尤其于法相、华严二宗最有心得。杨文会弟子、一代佛学宗师欧阳渐在回忆其师的文章中,列举杨文会门下有大成就的佛学弟子,褎然首座者正是嗣同,"唯居士之规模弘广,故门下多材。谭嗣同善华严,桂伯华善密宗,黎端甫善三论,而唯识法相之学有章太炎、孙少侯、梅撷芸、李证刚、蒯若木、欧阳渐等,亦云夥矣"。

从嗣同发心学佛始,他便预感自己时日无多,此念头常萦绕于心头,使得嗣同更加勇猛精进地学习。在给恩师欧阳中鹄的信中,嗣同写道:"于是重发大愿,昼夜精持佛咒,不少间断:一愿老亲康健,家人平安;二愿师友平安;三知大劫将临,愿众生咸免杀戮死亡。"梁启超在《仁学序》中记录了嗣同为学上的勤奋:"每共居,则促膝对坐一榻中,往复上下,穷天人之奥,或彻数日夜废寝食,论不休。每十日不相见,则论事论学之书盈一箧。"

1897年夏秋间,嗣同写成重要著作《仁学》,它是维新派的第一部哲学著作,构建了中国变法的全新理论体系。《仁学》博采《论语》《礼记》《庄子》《史记》等儒、佛、道、墨改革之长,广纳西方民主、自由、人权等变革之道,提出"酌取西法,以补吾中国古法之亡",被思想界誉为"骇俗之文""人权宣言"。

《仁学·自叙》说:"流涕哀号,强聒不舍,以速其冲决网罗。……初当冲决利禄之网罗,次冲决俗学若考据若词章之网罗,次冲决全球群学之网罗,次冲决君主之网罗,次冲决伦常之网罗，次冲决天之网罗……然真能冲决，亦自无网罗；真无网罗，乃可言冲决。"嗣同排斥尊古观念，他说："古而可好，又何必为今之人哉！"（《仁学》卷上）对于中国历史，下一总批评曰："二千年来之政，秦政也，皆大盗也；二千年来之学，荀学也，皆乡愿也；惟大盗利用乡愿，惟乡愿工媚大盗。"

用佛学语，嗣同可谓在衰世"作狮子吼，作大海潮音"。《仁学》之后，嗣同开始了变法的实践活动。1897年，嗣同创办时务学堂，出版《湘学新报》，广传维新思想。嗣同说："民为本，君为末。如果君主骄淫纵欲，不能替天下办事，老百姓就有权废掉他。实行变法，就是要废掉君主专制，还政于民，这才是救国的根本之道！"康有为从嗣同的"澄清天下之志"看到了湖湘文化的魅力，挥毫留下"复生奇男子，神剑吐光莹"的咏谭绝唱。欧阳中鹄感慨万分：中国有救了，自己的学生不就是一道民族复兴的曙光吗？

1898年初，嗣同接受湖南巡抚陈宝箴的邀请，回到湖南协助举办新政。他首先加强了时务学堂中维新派的力量，自己担任分教习，安排唐才常任中文教习，协助任总教习的梁启超，大力宣传变法革新理论，"所言皆当时一派之民权论，又多言清代故实，胪举失政"。孔子改制、平等、民权等学说由此而乘风扬波，日益恢张。

1898年3月，嗣同与唐才常等人创建维新团体南学会。

南学会以联合南方各省维新力量、讲求爱国之理和救亡之法为宗旨，"演说万国大势及政学原理"。为了加强变法理论的宣传，他还创办了《湘报》，作为南学会的机关报，由他任主笔。对湖南新政的尽力，使他以"新政人才"而闻名。

1898年6月，嗣同应诏赴京变法，时年三十四岁。临行前夜，他和夫人李闰惜别，夫妻二人对坐弹琴，以琴声相娱。谭不胜其情，手写《戊戌北上留别内子》，赠予李闰。诗曰："婆婆世界善贤劫，净土生生此缔缘。十五年来同学道，养亲抚侄赖君贤。"他再三向妻子表衷情："视荣华如梦幻，视死辱为常事，无喜无悲，听其自然。"

8月21日，嗣同抵北京。9月5日，光绪下诏授给他和林旭、刘光第、杨锐四品卿衔，参与新政。令下之日，还给四人一道"密谕"，要他们努力辅佐变法，不要有所顾虑。次日，光绪又召见他，表示自己是愿意变法的，只是太后和守旧大臣阻挠而无可奈何。自此，嗣同等四人成为光绪帝的主要助手，经常同光绪帝见面，替他审阅奏文，草拟谕旨，并充当光绪与康有为间的联系人。

嗣同抵京时，维新派与顽固派的斗争已是剑拔弩张。顽固派策划在光绪陪同慈禧到天津阅兵的机会，由荣禄发动政变，罢黜光绪帝，推翻一切新政，让慈禧太后重新上台垂帘听政。消息传来，光绪帝极为恐慌，于9月14日和9月17

日连续两次给康有为下达密诏,说他自己"位且不保",要康等赶快设法相救。因杨锐耽搁,直到9月18日早上,光绪的两道密诏才由林旭带给康有为。

康有为、梁启超和嗣同几个变法书生抱头痛哭一时,决定冒险。一方面,请托江湖朋友即会党首领毕永年等人带领侠士潜入颐和园,捕囚慈禧,让其今后不得再行干政;另一方面,希望游说新军首领袁世凯发动兵变,诛杀荣禄,发兵围困慈禧居住的颐和园。最关键的因素仍在袁世凯这样的军人向背,嗣同自告奋勇去游说袁世凯。当天晚上,嗣同夜访袁世凯,要袁带兵入京,除掉顽固派。袁世凯虚与委蛇,表示先回天津除掉荣禄,然后率兵入京。袁世凯于20日晚赶回天津,向荣禄告密,荣禄密报慈禧太后。

9月21日,慈禧太后发动政变,将光绪帝囚禁于中南海瀛台,并假借光绪帝的名义,吁请慈禧"训政"。慈禧执掌清廷大权后,首先下令捉拿康有为,查抄康的住地南海会馆。当天下午,嗣同与梁启超等人筹商对策。他与大刀王五计议密召"京津健儿"去中南海瀛台劫出被幽禁的光绪,未成;又与梁启超去找英国传教士李提摩太及容闳等人,准备促请英、美、日驻华公使出面"设法保护皇上",结果落空。嗣同对梁启超说:"我们前几天想救皇上,既已无法可救,今日想救康先生,也已无法可想。现在我已无事可做,唯有死!"

9月22日，北京城内风声更紧。嗣同找出自己多年的诗文书信稿本，其中包括《仁学》手稿，来到梁启超避居的日本驻华使馆中，交给梁启超，请他保管，并要他早点逃往日本。梁启超劝他一道出走，嗣同说："不有行者，无以图将来；不有死者，无以召后起。"梁启超后来改为"无以酬圣主"。

大刀王五也劝嗣同出走，并愿做他的保镖。嗣同决心已定，拒绝出走，并取下随身所带的"凤矩"宝剑赠送给王五。日本使馆的几位友人与他联系，表示可以为他提供"保护"，并劝告嗣同去日本，嗣同拒绝了。嗣同说："各国变法无不从流血而成。今日中国未闻有因变法而流血者，此国之所以不昌也。有之，请自嗣同始。"

9月24日，嗣同在浏阳会馆被捕。嗣同的师父通臂猿胡七多年后写有《谭嗣同就义目击记》，记叙当时他和王五是如何保护嗣同的。当天晚上，胡七跑到浏阳会馆送信说："懿旨一下，人马立即发动；人马一发动，你就插翅难飞！"但是，"谭先生听了这个惊人消息，若无其事地把红漆枕头箱打开，里面藏着七封家书——他父亲寄来的信。他模仿父亲的手笔，写好一封假信就烧掉一封真信，只留信封不烧，把假信套在信封里面，每封假信都写着父亲训斥儿子的内容"。

为了不连累父亲，嗣同在被捕前伪造了七封父亲训斥自己、最终与自己断绝父子关系的家信。后来嗣同被捕，慈禧太后看了嗣同伪造的信后，认为谭继洵不是不教子，而是嗣同这个儿子太不听话，因此，破例没有让谭继洵"连坐"，而是令其回家养老了事。

嗣同在狱中，意气自若，终日绕行室中，拾取地上煤屑，就粉墙作书。看守问他做什么，何为。嗣同笑答："作诗耳！"可惜看守没有文化，想来嗣同的诗当不止一首。他留下的是经梁启超改过的《狱中题壁》："望门投止思张俭，忍死须臾待杜根。我自横刀向天笑，去留肝胆两昆仑。"

9月28日，嗣同与其他五位志士就义于北京宣武门外菜市口，跟他崇敬的英雄文天祥隔着六百年相逢于同一个地方。当他们被杀时，刑场旁观看者上万人。嗣同神色不变，临终时还高呼："有心杀贼，无力回天，死得其所，快哉快哉！"

据说，嗣同的死状极其惨烈，行刑手一连三刀都没有将头颅砍断。监斩大臣刚毅惊惶失措，命令将谭嗣同直接摁倒在地上，行刑手又连续剁了几刀。

就在当天，浏阳会馆的看门人刘凤池冒险将嗣同的无头尸体运回浏阳会馆，以自己的私蓄购棺装殓。三天以后，刘凤池又将谭的头颅找回，请人缝合尸首，人们缝合头颈的时候，发现肩胛上也留下了深深的刀痕。

嗣同死后，他的战友梁启超写下了感人的"呜呼烈矣"的《谭嗣同传》。梁启超说："春秋三十有三。就义之日，观者万人，君慷慨神气不少变。"又曰，"嗣同遇害，年仅三十三，使假以年，则其学将不能测其所至。仅留此区区一卷，吐万丈光芒，一瞥而逝，而扫荡廓清之力莫与京焉，吾故比诸彗星"。

1899年，嗣同的遗骸被运回原籍，葬在湖南浏阳城外石山下。墓前华表上，是嗣同同乡宋渐元所撰对联："亘古不磨，片石苍茫立天地；一峦挺秀，群山奔赴若波涛。"

高阳认为，清末四大公子，嗣同的行谊仿佛战国四公子一流，而陈散原则为明末四公子中陈定生、侯方域、冒辟疆之综合，丁惠康已浪得虚名，吴保初更不足道了。高阳还考证说，清末，中国留日学生好作一种恣肆狂放的绝句，号称"浏阳体"。这个"浏阳体"即为梁启超改过的嗣同的《狱中题壁》。据说日本人曾以诗配谱成歌，当时的留日学生无不能诵此诗，亦无不从这首诗中去怀想嗣同的风采。据说嗣同的原诗本来是："望门投趾怜张俭，直谏陈书愧杜根。手掷欧刀仰天笑，留将公罪后人论。"梁启超改成后来传唱的版本，即"望门投趾怜张俭，忍死须臾待杜根。我自横刀向天笑，去留肝胆两昆仑"。据说有保皇的意义，但也跟烈士的革命情怀若合符节，因此并不妨碍人们传颂。

百年之后，嗣同的碑、像立于国内，关于嗣同的影视、传记也多有流传，这个只活了三十四岁的中国男人仍挑战着自己同胞的心智、人生。据说关于康有为、梁启超、谭嗣同等人，人们仍困惑不已，他们是好人还是坏人？据说不少年轻人认为嗣同"很笨"，不逃走的行为"很蠢"。据说有一道题目：你认为谭嗣同的死值不值得？很多中学生的答案是不值得。一些网友也说："谭嗣同的死值不值得并不取决于他个人，而在于他死之后人们的表现。"

2005年一篇广为流传的高考作文则表达了年轻一代对仁人志士的肯定，这篇作文是一首长篇古风。《永远的谭嗣同》："春风无色黯河山，东航不敢望马关。神州病骨似秋草，六朝古道啼血鸟。国破方知人种贱，马关条约不忍看。连年战乱烽火寒，三军挥泪洒台湾。青山幽径横尸骨，驿路桥边闻鬼哭。百年风雨血倒流，青山白骨无人收。金銮殿内郁苍苍，君臣相顾泪沾裳。何处犹唱后庭曲，一曲悲歌诉兴亡。亡国条约亡国恨，何堪此时亡国声。回首故国与山川，满目疮痍有谁怜？南海举子万言书，石破天惊动地文。陈述维新与变法，雪雨纷纷绕宫门。巨风吹浪紫焰开，雷霆波涌向天拍。皇都少年与袖斗，唤得日月不沉沦。提倡西学废科举，西宫太后泪如雨。祖宗之法不能变，亡国不能亡祖先。君王一去入瀛台，风卷落花扫芳尘。道是天公感秋色，染得晴空透碧红。嗣同今年三十余，从此不见结发妻。国之昌盛须流血，流血请从嗣同始。有心杀贼，无力回天。死得其所,快哉!快哉!刑场吟哦万人惊,三十三年化碧土。黄河鸣咽向天注,抽刀一断断红尘。可怜闺妻守空房,夜闻黄梅雨敲窗。花冠不整小窗开,疑是君郎化蝶来。但见池塘淡淡风,烟柳何处觅郎踪。小径一片残花色,不是花红是血红。却把相思入哀筝,怨曲重招断头魂。曲中有恨细细思,君在黄泉可闻知?纤指玉手十三弦,破镜分飞幽恨传。贱妾独闻巴山雨,暮雨朝云血杜鹃。恍然湖上有归船,一帘幽梦半湖萍。闻君江上和琴声,翻作蝴蝶浇风铃。朱弦琴声九天来,风吹庭竹蒙玉尘。阴阳相隔分歧路,和妻浅唱回五声。曲终人散魂已远,画船东去橹声迟。攀折柳条题血书,随江悠悠随君王。'前尘往事不可追,一成相思一层灰。来世化作采莲人,与君相逢横塘水。'"

再看嗣同师父,人称"通臂猿"胡七的文字,仍可圈可点——

"谭先生有着过人的学识,并非愚孝愚忠。我明白他的意思是要以一死来唤醒当时醉生梦死的士大夫阶级,我们劝亦无益,所以那时我和王五只抱着劫法场的一线希望。我们离开浏阳馆后,找到十六名兄弟,告诉他们谭先生'视死如归'的决心,兄弟们一个个泣不可仰。我们指定顺治门城窟窿为动手地点,派定谁抢救谭先生,谁打接应,谁放火乱官兵的视线。等到临刑的那天,我们分配在城楼及附近一带准备一场苦斗。

"糟了，那天步军统领派兵沿途警戒，直排至菜市口刑场，惶惶然如临大敌，这种排场是平日行刑时所未见的；并且把谭先生绑在囚车上，也是一个例外。大概刑部堂官知道谭先生颇有本领，也许还知道有我们这般风云聚会的人物，所以防护得格外严密。我们面面相觑，血管像冻僵了一般。

"我站在王麻子剪刀店的屋顶上，那里黑压压挤满许多看热闹的人，脸上都显着非常凄惨的颜色。头一刀杀康广仁，轮到第五刀，天哪！才轮到我们谭先生的头上。前清杀官员的刀和杀平民的刀不同，官越大，刀越钝。那天用的刀叫什么'大将军'，一刀飞去，鲜血汩汩然冒出，脑袋还装在颈脖上，要把'犯官'的脖子拉长来锯。这不叫砍头，叫锯头，锯头比砍头的痛苦是加上好几十百倍的。那天锯了六个，谭先生轮到第五。轮到后面的看到前人引颈待'锯'的惨状，求死不得痛入骨髓的惨状，都吓得始而发抖，继而不省人事。可是我们的谭先生呢，还是若无其事的样子。

"我们目击了这幕惨剧，心里晃晃荡荡像踏着一片虚空。日子一天天过去，这幅悲惨图画仍无时无刻不深嵌在我的心田中，我越想扔开，越扣得紧紧的，常使我透不过气来。"

无论后人如何非议嗣同，嗣同在当时、后来仍有无数的知音。嗣同父亲谭继洵为他写的挽联是："谣风遍万国九州，无非是骂；昭雪在千秋百世，不得而知。"康有为写的挽联是："复生不复生矣，有为安有为哉。"嗣同的战友唐才常挽联里写的是："与我公别几许时，忽惊电飞来，恨不携二十年刎颈交，同赴泉台，漫赢得去楚孤臣，箫声呜咽；近至尊刚廿一日，被群阴构死，甘永抛四百兆为奴隶，长埋地下，只留得扶桑三杰，剑气摩空。"甚至被世人视为保守的钱穆都如此称道嗣同："晚近世以来，学术思想之路益狭，而纲常名教之缚益严，然未有敢正面对而施呵斥者；有之，自复生始也。"

现代社会进入消费时代，消费文明的一大特征是人生无时不处于消费之中，人们大多只能对生命获得简单的拥有感或存在感，对于生命的深厚和本体之真善缺乏感知，也难以实现。但消费时代对个体有形无形的刑戮无处不在，技术控制一切消费的需要，让个体让渡了生命最真实、最重要的权利而不自知，因此，无论是亚健康状态的人还是用各种死法走上不归路的人，都是就极刑而不自知。曾经有一个老板，因为喜欢嗣同，收购过几件嗣同的作品和遗物，但他后来不敢面对了，他说看多了就觉得自己也应该轰轰烈烈地活着。他害怕轰轰烈烈，虽然知道日常活着其实是"温水煮青蛙"，但他没有嗣同的勇气，所以回到过小日子的状态得过且过。

对比起来，嗣同的轰轰烈烈确实是消费时代的解毒剂，他追问着每一个打量他的人的心智和生命德行。他献身于生命本体的需要，而获得了一种非凡的意义。嗣同为此实践了司马迁等人所说的生死境界：就极刑而无愠色。在这方面，梁启超对嗣同的大乘精神人格有精彩的表述："复生之行谊磊落，轰天撼地，人人共知，是以不论；论其所学。自唐宋以后，咕毕小儒，徇其一孔之论，以谤佛毁法，固不足道；而震旦末法流行，数百年来，宗门之人，耽乐小乘，堕断常见，龙象之才，罕有闻者。以为佛法者清净而已，寂灭而已。岂知大乘之法，悲智双修，与孔子必仁且智之义，如两爪之相印。惟智也故知，即世间即出世间，无所谓净土；即人即我，无所谓众生。世界之外无净土，众生之外无我，故惟有舍身以救众生……"

蔡元培

1868—1940

拯救北大

蔡元培先生在中国现代史和革命史上的地位众所周知。曾有人认为梁启超是现代史的开端，但现代中国的开端者其实不止一人，康有为、严复、孙中山、袁世凯等都是这样的人，但如果从现代性的角度讲，从传统士大夫的角度讲，蔡元培是现代中国真正的开端者。恩格斯曾说但丁是中世纪的最后一位诗人，同时也是新时代的最初一位诗人。蔡元培可谓传统中国的最后一人，又是新时代的最初一人。在这方面，张謇、章太炎等人旧而少新，胡适、鲁迅等人新而少旧，只有蔡元培先生在新旧、士仕、政道之间出入自如。

说蔡先生之传统，有很多角度，其中之一是蔡元培一生没有置备私产。1935年9月7日，在蔡元培先生虚龄七十岁（此处按同治六年为一岁）前，他的学生和朋友，如蒋梦麟、胡适、王星拱、丁燮林、赵畸、罗家伦等人联名写信给蔡先生："我们知道先生为国家、为学术劳瘁了一生，至今还没有一所房屋，所以不但全家租人家的房子住，就是书籍，也还分散在北平、南京、上海各地，没有一个归拢庋藏的地方。因此我们商定这回献给先生的寿礼，是先生此时最缺少的一所可以住家藏书的房屋……我们希望先生把这所大家献奉的房屋，用作颐养、著作的地方，同时这也可看作社会的一座公共纪念坊……"

据说蔡元培经慎重考虑，答应了这一提议，但遗憾的是，随着日本侵华态势加剧，送房建屋之事没能实现。他亲历清政府、北洋、民国，为国家社会服务多年，地位不可谓不高，为家为私的机会很多，但他没有谋私谋家，一生搬家多次，只是租居而已。这样的国士或者说"国之重臣"，确实有着传统中国文化中士大夫的品德，那就是以国事天下事为念，造次必于是，颠沛必于是，念兹在兹。

1937年10月，蔡元培搬进了上海华山路寓所。11月底，即在国民政府的安排下，从上海到香港躲避战乱。在香港生活了两年多，1940年3月3日，七十三岁高龄的蔡元培老人在寓所中，意外失足跌倒。3月4日蔡元培被送入香港养和医院，3月5日即病逝。在此之前，他的生活已经相当拮据。而他最喜爱的女儿蔡威廉已经先他一步死于贫病交加。王世杰先生回忆说："蔡先生为公众服务数十年，死后无一间屋，无一寸土，医院药费一千余元，蔡夫人至今尚无法给付，只在那里打算典衣质物以处丧事，就连入殓时的衣衾棺木，还是商务印书馆的王云五先生代筹的……"

在国难中，国民政府给蔡元培先生发布了褒扬令，称赞他"道德文章，夙孚时望"，"推行主义，启导新规，士气昌明，万流景仰"……毛泽东在唁电中称其为"学界泰斗、人世楷模"，蒋梦麟的挽联是"大德垂后世，中国一完人"，吴稚晖的挽联是"平生无缺德，举世失完人"。

蔡元培先生一生跟官场结缘。他自认喜好学问，但相当有官运，以至于有人说他是最好的"学官"，有人称赞他是"学而优则仕"的典范。

蔡元培的薪水是优厚的。他任北大校长时，月薪600元。他让北大收留毛泽东，年轻的毛泽东在图书馆工作，月薪8元，即让毛泽东在北大一时安心工作学习。我们由此可知蔡先生的收入档次。但冯友兰先生说得好，蔡元培在民初即做部长，后来官至院长。无论做多大的官，他总有"有天下而不与"的意思。他既在官位上，又能超越于官位之外。

一般的官吏极易为官场习气所染，他们习惯了当官做吏后，再难以回归平实，再难以自食其力。这方面，蔡元培先生的自信自足是包括官吏在内的中国人中少有的。

1907年5月，四十岁的蔡元培放弃国内的身份地位（当时的他已经做官多年，如1898年回绍兴任"中西学堂"监督、1901年赴上海出任南洋公学经济特科班总教习，后来又任中国教育会会长兼商务印书馆编译所所长），在驻德公使孙宝琦帮助下前往德国，后来入莱比锡大学听课，前后在德国学习了四年之久。因为公派留学机会搁浅，蔡元培没有放弃，决定自费。当时他还需要抚养妻儿四口，孙宝琦答应每月资助银子30两，让他在驻德使馆中做兼职，但使馆只应允照顾食宿，不提供职务和薪金。为此，蔡元培给当时在德国学习的唐绍仪侄子唐宝书、唐宝潮兄弟四人做家庭教师，为他们讲授国学，每月报酬100马克。他还通过同年同乡挚友张元济先生与上海商务印书馆商洽，以特约身份在欧洲为该馆著文或编译，按照千字3元（编译）和5元（著述）的标准付酬，每月可收入100元，以此保证留学所需，并维持国内妻子儿女的生活。

1913年，蔡元培赴法国游学考察，商务印书馆继续约稿付酬，蔡元培继续靠编译获得收入，每天以一半时间编译千字，每月三万字可得200元，即千字约7元。

一直到1915年，四十八岁的蔡元培先生"爬格子"半工半读有八年之久，他也在修身深造的动力下编著了不少著作，如《哲学大纲》《伦理学原理》《中国伦理学史》《中学修身》《艺术谈概（欧洲美术小史）》，给国人打开了西方的人文社科知识的窗口。

以我们今天的眼光来看，蔡元培先生有着庞大的人脉资源，他又得风气之先，是不缺挣钱机会的。除了薪俸，即使靠他的一支笔，也能够挣钱。比如1923年7月，蔡元培带着家人到欧洲考察生活。商务印书馆再次支付稿酬，约请他编写师范和高中所用《哲学纲要》等教科书，并为《东方杂志》撰写论文及杂记，使其有固定收入，计每月编译费200元、调查费100元，共计300元。在欧洲期间，蔡元培写了《中国之文艺中兴》和《简易哲学纲要》等著作。现留存的商务印书馆张元济1923年7月16日给蔡元培信的手迹："兹送呈全年薪水计银贰千肆百元。又敝公司遇有研究之问题及调查之事项，拟求我兄担任顾问，亦荷俯允，兹将全年薪水壹千贰百元一并送呈……"

而在民国，蔡元培既是文化出版的制度开创者，又是受益者。据说，民国作者的版税收入多半在15%左右，有的作者如胡适高达25%，而蔡元培则享受过30%的高版税。

当然，中国的几乎任何时代，官场都是铁饭碗，都是高收入行业。蔡元培的做官机会太多，可以过上衣食无忧的日子，甚至富贵于他是可望可即之事。但蔡元培属于那种对钱没有概念、大手大脚之人。跟一般寒酸文人不同，蔡元培生性豪放，不拘小节，爱花钱，爱请客。据说他第一个妻子王昭为此非常不满，丈夫乱花钱，根本不是过日子的态度。两人经常吵架。蔡先生的儿子蔡怀新证实，父亲置业并不困难，后来不仅没有置业而且没有积蓄的原因是，收入多，支出也多，主要支出除购买中外图书典籍外，还用来捐助社会公益事业及接济有困难的亲友、学生。

受惠于蔡元培先生的人太多了。我们随便即能想到陈独秀、鲁迅、胡适、梁漱溟、毛泽东、刘开渠、王云五这些人，还有众多的学生、看门人，都得益于蔡元培先生。甚至晚年仍然如此，有人回忆：先生晚年旅居香港，生活极端拮据，仍不忘周济他人。当时有一位广东籍诗人名叫廖平子，恬淡高洁，不屑钻营，妻女以织履为生，家无隔夜之粮。廖平子时常将他写的诗作呈蔡元培。蔡元培知道廖平子生活清贫，即赠廖法币10元，每月皆然，历数年而不断……

可见蔡元培的豪情出于至诚。他是一个真正实践了儒家所说的"民吾同胞，物吾与也"的人，他是实践了中国传统文化中所谓的心忧天下的人。孟子曰："无恒产而有恒心，惟士为能。"蔡元培是真正的士。

蔡元培有官运，有天下，但他并不私心自用。跟一般文人不同，蔡元培的实践精神很强，他做北大校长时，学生闹事，他敢跟学生决斗。更早，他是主张暗杀解决中国问题的倡导者和力行者。因此，他是真正如孔子、如尧舜一类的人物，"巍巍乎有天下而不与焉"。这从他一生都在辞职即可以看出。

他自称"好好先生"，但其实是"富贵不能淫、贫贱不能移、威武不能屈"，他自己也说"性近于学术而不宜于政治"，甚至"畏涉政事"，"德行有余，而方略颇短，性又好学，不耐人事烦扰"，但他终生都涉足官场，辞职之烦扰于他几乎是家常便饭。

1890年，二十三岁的蔡元培应邀出任上虞县志总纂。他主张用新的史学方法编志，但他所定的编写条例得不到各分纂的赞同，于是，毫不犹豫地选择了辞职。

1898年，三十一岁的蔡元培时任翰林院编修。传统中国社会，中进士点翰林后，就意味着升官发财、光宗耀祖、封妻荫子，更意味着身系国之重望参与写史的行列，这一官职也是后来林琴南称他为"太史"的原因。但当年戊戌政变后，蔡元培仍选择了辞职。

1900年，三十三岁的蔡元培已任绍兴中西学堂监督一年多，学堂新旧势力争执不断，他支持新派，遭到出资人的干涉。蔡元培断然辞职，后勉强留任。次年，因办学经费的事再起矛盾，蔡元培选择辞职离开。

1902年，三十五岁的蔡元培时任南洋公学特班总教习一年多，学校发生学潮，蔡元培支持学生退学，他自己则是辞职。

1912年，四十五岁的蔡元培就任中华民国南京临时政府教育总长，7月2日，为抵制袁世凯专制独裁，蔡向袁当面坚辞教育总长。袁世凯以"我代四万万人坚留总长"相留，蔡元培脱口而出："元培亦对四万万人之代表而辞职。"

1917年，五十岁的蔡元培就任北京大学校长。7月3日，因抗议张勋复辟，向总统黎元洪提出辞职。后复任校长。

1919年5月4日，"五四运动"爆发，部分学生被捕，蔡元培四处奔波救助被捕学生，7日上午10时，被捕学生终于悉数获释。8日蔡元培向总统徐世昌递送辞北大校长信，并发表《不愿再任北京大学校长的宣言》,当晚离京。后放弃辞职。

同年12月31日,北京市小学以上各学校教职工要求政府以现金发薪而罢课,教育部未能及时应对,蔡元培与北京其他各大专院校校长联名辞职。1920年1月8日,蔡元培再度辞职,直至1月12日教育部及北洋政府对教职工所提要求完全承认,才又复职。

1922年,五十五岁的蔡元培痛感对北大学生"平日训练无方,良深愧惭",愤请辞职。后经多方挽留而复职。

1923年,五十六岁的蔡元培为抗议北洋政府教育总长彭允彝干涉司法独立,向总统府提出辞去北大校长职务,并发表《关于不合作宣言》。

回顾蔡元培先生的一生,他的辞职几乎是极为突出的一个特点。1928年、1929年,蔡元培几乎月月在写辞职信:请辞国民政府大学院院长,请辞代理司法部部长,坚辞国民政府监察院院长,坚辞中央政治会议委员,坚辞国民政府委员……有人统计,蔡元培先生一生辞职有二十四次之多,其中为北大辞职七次。

我们站在今人的角度理解蔡元培,只能感叹他是圣贤一类的人物。他没有我们普通人的私心,他有私欲或者生活喜好,比如好酒一类,但他在人格上是超凡脱俗的。他跟鲁迅、秋瑾一类的人物是同乡同志同道的,"会稽乃报仇雪耻之乡，非藏垢纳污之地也"。但他的人格气象更高明广大，这跟他的周围环境有关，他是坐天下之人，德位相配，而能够致广大而尽精微，极高明而近中庸。

北大早期的名声并不好，多有谤议。但蔡先生在北大组织了"进德会"，认为"私德不修，祸及社会"，意在以改变士风来影响社会风气。蔡元培认为，入会的效用有三：一、可以绳己；二、可以律人；三、可以止谤。他感慨于"北大之被谤久矣，而止谤莫如自修"。

进德会会员分三种：甲种会员：不嫖，不赌，不纳妾。乙种会员：不嫖，不赌，不纳妾，不做官吏，不做议员。丙种会员：不嫖，不赌，不纳妾，不做官吏，不做议员，不吸烟，不饮酒，不食肉。蔡元培先生自认"乙种会员"，持"五戒"，一生不置产业，没有艳闻。可见他的自觉，他没有以丙种会员自居，正是清楚自己的意志力范围。

蔡元培先生的一生令人想到孔子的"儒行"："儒有席上之珍以待聘，夙夜强学以待问，怀忠信以待举，力行以待取。其自立有如此者。儒有衣冠中，动作慎……粥粥若无能也。其容貌有如此者。儒有居处齐难，其坐起恭敬；言必先信，行必中正……其备豫有如此者。儒有不宝金玉，而忠信以为宝……其近人有如此者。儒有委之以货财，淹之以乐好，见利不亏其义……其特立有如此者。儒有可亲而不可劫也，可近而不可迫也，可杀而不可辱也……其刚毅有如此者。儒有忠信以为甲胄，礼义以为干橹……其自立有如此者。儒有一亩之宫，环堵之室……易衣而出，并日而食……其仕有如此者。儒有今人与居，古人与稽；今世行之，后世以为楷……其忧思有如此者。儒有博学而不穷，笃行而不倦；幽居而不淫，上通而不困……其宽裕有如此者。儒有内称不辟亲，外举不辟怨，程功积事，推贤而进达之，不望其报……其举贤援能有如此者。儒有闻善以相告也，见善以相示也……其任举有如此者。儒有澡身而浴德，陈言而伏，静而正之……其特立独行有如此者。"

他的一生就是一篇"儒行"，他是孔子自称的"富贵于我如浮云"者，他是孟子所称道的"故君子可欺以其方，难罔以非其道"者。他还是大禹、墨子那样的贤者、任侠之人。他同时又是老子等道家精神最珍视的"善摄生者"："善摄生者，陆行不遇兕虎，入军不被甲兵。兕无所投其角，虎无所措其爪，兵无所容其刃。夫何故？以其无死地。"因此他能够在清末、北洋、民国的混乱而险恶的大舞台上出入自如，不和即辞职求去，赢得了各方势力的尊重。跟很多为环境绑架，有了把柄、短处而难得自由的精英相比，蔡元培的辞职以及置身于现代中国的精英上层，也可以证实他是最具现代性的中国人，他服务于国家社会，又拥有"无死地"的自由。

我们由蔡元培的生计及态度可以试图接近这样一位圣贤

的心地。美国著名哲学家杜威曾说："拿世界各国的大学校长来比较一下，牛津、剑桥、巴黎、柏林、哈佛、哥伦比亚等，这些大学的校长中，在某些学科上有卓越贡献的，固不乏其人。但是，以一个校长身份，而能领导那所大学对一个民族、一个时代起到转折作用的，除蔡元培而外，恐怕找不出第二个。"蔡元培的贡献可谓大哉。恩格斯曾称赞但丁："封建的中世纪的终结和现代资本主义纪元的开端，是以一位大人物为标志的。"我们看蔡元培先生在传统中国与现代中国转折中的位置，庶几近之。

弘一

1880—1942

开先河与做弘一

歌德说过，所有成熟的东西都想死。视死如归如寄、老成谋身谋国等等，似乎也是我们中国人向往的人生状态。但真正在精神心智上成熟起来的人少而又少。民国以来不断有四公子、京城四少之说，那些人物因为家世、际遇而较早地展露其才华，但他们多终于公子状态，止于少年才气。他们逞才使气，很少"想死"。

少年李叔同就是这样一个公子哥。他的父亲曾经在吏部做官，后在天津改营盐业，家境富有。小叔同天生聪慧，七岁攻读《文选》，即能"朗朗成诵"，九岁从其乳母背诵《名贤集》格言："高头白马万两金，不是亲来强求亲。一朝马死黄金尽，亲者如同陌路人。"不但能背诵如流，而且能通晓其义。他攻读过四书、《孝经》《毛诗》《左传》《尔雅》《文选》等等，对书法、金石尤为爱好。十三四岁时，篆字已经写得很好，十六七岁时曾从天津名士学填词、书法。他还曾进过天津县学，受过八股文（当时称为时文）的严格训练。

这个小康之家的"宁馨儿"，当他的身心达到一定的阶段，他已经积累了足够读书人"玩票"的经史子集、金石书画、诗词歌赋、吹拉弹唱等博杂的知识和技能；他的聪明才情在十八九岁时，就已经发展到巅峰了。他的头脑不用则已，用则上乘；每一个动作，都有分寸，有风格出处。他的字摹过前人百家书法，但没有前人的痕迹，形成他自己的一格：一种柔软的、藏神无骨的点与线的结合，像蠕动的蚕一样。还有诗词、金石，只要他心智上历练过的，那必定是他的！

年轻的李叔同跟民国四公子们的生活还没有什么两样。他在天津求学，到上海参加"城南文社"，考入南洋公学等等事件，跟当时人没有什么区别。这是他比较系统接受儒学经典，吸纳"新学"，全方位开发智慧的时期，是年轻气盛的时期。用丰子恺的话说，就是他充分享受物质生活的时期。

但跟公子哥们不同的是，李叔同不仅得了中国文化的形，还得了中国文化的精神。即一个真正健康的中国人，即使生活在小康状态，他也必须有社会关怀，这种关怀是以忧伤为底色的，忧时伤世。李叔同在优哉游哉之际写下了大量忧国忧民、充满入世精神，甚至带有愤世嫉俗激进色彩的诗文。康梁变法失败后，李叔同到上海刻印明志："南海康君是吾师！"孙中山在辛亥革命成功的时候，他谱一曲慷慨激昂的《满江红》，以志庆喜："皎皎昆仑，山顶月、有人长啸。看囊底、宝刀如雪，恩仇多少。双手裂开鼷鼠胆，寸金铸出民权脑。算此生、不负是男儿，头颅好。荆轲墓，咸阳道。聂政死，尸骸暴。尽大江东去，余情还绕。魂魄化成精卫鸟，血花溅作红心草。看从今、一担好山河，英雄造。"

年轻而博杂的心性使他难以切近地参与社会，这种痛苦是难言的，李叔同的一首词如此说："雏凤声清清几许？销尽填胸荡气，笑我亦布衣而已。奔走天涯无一事，问何如声色将情寄？休怒骂，且游戏。"这种博爱的心性可谓少年老成，但无法用世，也不可能落于当世。如同蜻蜓点水或作壁上观者，他在又不在这个世界。"将军已死圆圆老，都在书生倦眼中。"二十岁出头时，李叔同已经用过很多名字了。二十一岁时，他有了第一个孩子，取名号"瘦桐"的李叔同填了一曲《老少年》："梧桐树，西风黄叶飘，日夕疏林杪。花事匆匆，零落凭谁吊。朱颜镜里凋，白发愁边绕……"一个活灵活现的老夫子，一个二十一岁的老夫子！"长江后浪推前浪，我的孩子都出世了，我还有什么可为的？老了！老了！"他被一种痛苦煎熬着。"我二十岁出头时，已经老了！现在，光阴正与人类赛跑！"

这个天才的少年老成得绝非避世，用他自己的话说："披发佯狂走。莽中原，暮鸦啼彻，几枝衰柳。破碎河山谁收拾？零落西风依旧。便惹得离人消瘦。行矣临流重太息，说相思，刻骨双红豆。愁黯黯，浓于酒。漾情不断淞波溜。恨年来絮飘萍泊，遮难回首。二十文章惊海内，毕竟空谈何有？听匣底苍龙狂吼。长夜凄风眠不得，度群生那惜心肝剖。是祖国，忍孤负！"他在寻找一种自己的济世形式，在寻找的过程中，他已经在各种层面留下了自己的痕迹，用他的弟子丰子恺的话说："文艺的园地，差不多被他走遍了。"他的作品同时又是动人心的，跟一般的公子遗少不同，他有着接通人性的精神。用王国维说李后主的话来说，他有宇宙人生之悲及其承担。

1905年，李叔同的生母在上海病逝。他是庶子，母亲年轻守寡，这种形势也许加速了李叔同精神的早熟。他先后改名李哀、李岸，二十六岁的李叔同在国内无所事事，于是东渡日本留学。首先在学校补习日文，同时独立编辑《音乐小杂志》，在日本印刷后，寄回国内发行，促进祖国新音乐的发展。又编有《国学唱歌集》一册，在国内发行。这些在中国新音乐史上都起到了启蒙作用。在日本，他跟汉诗界的名人们来往，很得赏识。除在东京上野美术学校学习油画外，他还在音乐学校学习钢琴和作曲理论；同时又师从日本戏剧家研究新剧的演技，与同学曾延年等组织了第一个话剧团体"春柳社"。1907年春节期间，为了赈济淮北的水灾，春柳社首次在赈灾游艺会公演法国小仲马的名剧《巴黎茶花女遗事》，李叔同（艺名息霜）饰演茶花女，引起许多人的兴趣，这是中国人演话剧最初的一次。欧阳予倩受这次公演的刺激，也托人介绍加入了春柳社。

1911年，李叔同毕业回国，应老友天津高等工业学堂校长周啸麟之聘，在该校担任图案教员。1912年春，上海《太平洋报》创刊，李叔同被聘为编辑，主编副刊画报，苏曼殊的《断鸿零雁记》就是在他主编的《太平洋报》副刊上发表的。《太平洋报》停办后，应老友经亨颐之聘，李叔同到浙江省立第一师范学校担任图画和音乐教员，改名李息，号息翁。1915年，应南京高等师范学校校长江谦之聘，兼任该校图画、音乐教员。

这是他人生中极辉煌的时期，也是他艺术创造的巅峰时期。他的许多艺术作品，无论诗歌、音乐、美术、书法还是金石，大都创作于此时。他在浙江省立第一师范学校初任教时写过《近世欧洲文学之概观》《西洋乐器种类概说》《石膏模型用法》，介绍西洋文学、艺术各方面的知识。他教的图画，采用过石膏像和人体写生，在国内艺术教育上是一个创举。音乐方面，他利用西洋名曲作了许多名歌，同时又自己作词、作曲，对学生灌输了新音乐的思想。后来成名的漫画家丰子恺、音乐家刘质平，就是他一手培养起来的。在日本留学时，他接受了西方写实主义绘画教育。在审美思维和人生追求上他渐趋务实，一扫过去以"修身、齐家"为目标的"以学致仕"的儒学体系，逐渐确立了"以美淑世""经世致用"的教育救国的理想取向。

李叔同在杭州期间，跟夏丏尊、马一浮、林同庄、周佚生等人来往较密切。马一浮早已研究佛学，是一位有名的居士，对他的影响特别大。夏丏尊则直接影响了他的生活。有一次，夏丏尊看到一本日文杂志上有篇关于断食的文章，说断食是身心"更新"的修养方法，自古宗教上的伟人如释迦、耶稣，都曾断过食；说断食能生出伟大的精神力量，并且列举实行的方法。李叔同听后决心实践一下，便利用1916年寒假，到西湖虎跑定慧寺去实行。经过十七天的断食体验，感觉良好。过了新年，他就时常到虎跑定慧寺习静听法。1918年旧历正月初八日，马一浮的朋友彭逊之忽然发心在虎跑定慧寺出家，恰好李叔同也在那里，他目击当时的一切，大受感动，也就皈依三宝，拜了悟老和尚为皈依师。

1918年旧历七月十三日，李叔同结束了学校的教务，决心至虎跑定慧寺从了悟老和尚披剃出家，正式名为演音，号弘一。出家后，他的别署名字仍多，常见的有一音、弘裔、昙昉、论月、月臂、僧胤、慧幢、亡言、善梦等，晚年自号晚晴老人、二一老人等。他出家以前，将生平所作油画赠予北京美专学校，书画临摹、法书赠予夏丏尊，衣服、书籍等赠予丰子恺、刘质平等，玩好小品赠给了陈师曾，当时陈还为他这次割爱画了一幅画。

有人以为李叔同成为弘一法师是为了避世，或是为了过闲云野鹤的生活，这是误解了一种成熟的灵魂。丰子恺说："我以为人的生活，可以分作三层：一是物质生活，二是精

89

神生活，三是灵魂生活。物质生活就是衣食。精神生活就是学术文艺。灵魂生活就是宗教。'人生'就是这样的一个三层楼……弘一法师，是一层一层走上去的。弘一法师的'人生欲'非常之强！他的做人，一定要做得彻底。他早年对母尽孝，对妻子尽爱，安住在第一层楼中。中年专心研究学术，发挥多方面的天才，便是迁居在二层楼了。强大的'人生欲'不能使他满足于二层楼，于是爬上三层楼去，做和尚，修净土，研戒律，这是当然的事，毫不足怪的。"

弘一法师一生做人认真而严肃。学一样就是一样，做什么就是什么。古人说："出家乃大丈夫事，非将相之所能为。"他既出家做了和尚，就要像个和尚。他出家后，身体力行，严守戒律，过着苦行僧的生活。他云游四方，外出必随身携带佛教经典，特别是律学典籍。但常用行李却非常简单，平常总是赤脚穿草鞋走路。一领衲衣，穿了二十余年，青灰相间，褴褛不堪，尚不肯更换。一顶蚊帐，破得到处是洞，有的用布补，有的用纸糊。一张破席，破碎得几乎不能用了。一个木质面盆，丹漆已剥落。一条洗脸毛巾，也已破旧不堪。他出家二十余年，所穿僧服，仅有寥寥数套而已。他坚持佛教戒律中"过午不食"的原则，每天只吃早、午二餐。有人请他吃饭，必在午睡前进行，平时素食，如有香菇，必却之不食；有豆腐，亦不吃。唯食清煮白菜，而且用盐不用油，长年累月如此。

法师曾沉痛地说过："我们生此末法时代，沙弥戒与比丘戒皆是不能得的，原因甚多甚多！今且举出一种来说，就是没有能授沙弥戒、比丘戒的人，若受沙弥戒，须二比丘授；比丘戒至少要五比丘授；倘若找不到比丘的话，不单比丘戒受不成，沙弥戒亦受不成。我有一句很伤心的话要对诸位讲：'从南宋迄今六七百年来，或可说僧种断绝了！'"为此，法师严格守戒。在佛教许多宗派中，律宗是最重修持的一宗，所谓"三千威仪，八万细行"，法师不但深入研究，而且实践躬行。马一浮在其圆寂后曾挽诗一首："苦行头陀重，遗风艺苑思。自知心是佛，常以戒为师。"

修行中的法师仍经受着生、老、病、死之苦，尤其是病苦。世人总是以为信仰、修行等大愿会解脱身体的诸种烦恼，其实误解了人生或人性的本质。如果说约伯在旷野里的呼告源于上帝的考验，那么人类身体的病痛更是人生的常态，是自然的一部分。弘一法师是苦行的，他做和尚远不及前半生优游，他的全部时间都用来念佛、诵经、说法、写佛。抗战时期，他最重要的口号是"念佛不忘救国，救国必须念佛"。而跟他的前半生一样，病苦仍是他时时要面对的大问题。

一般人对弘一的印象是他有才，很少有人想到他的才华和功德都建立在对病苦和无常的一生感受之中。他一生多病，年少时就写过"人生犹似西山日，富贵终如草上霜"这样的诗句。青年时期，他跟许幻园等人义结金兰，号称"天涯五友"，但许幻园不久就面临家败，"叔同兄，我家破产了，后会有期吧！"他为此有了名句："天之涯，地之角，知交半零落。"但自身的病苦更是时刻考验他的难题，他寻找了很多办法，包括中医、西医、道教以及佛教在内。曾有年轻朋友对弘一法师的出家不以为然，以为他对得起自己但对不起爱他的女人，这是不理解法师的实情而想当然。要知道，一个为病所苦的人最重要的救赎就是弃绝日常，法师的病有着先天因素，出家依止严格的律宗都未必能够消业。病痛缠身并不要紧，重要的是自己能否活出来。难以做事时，弘一法师就写字，泉州有一个小巷子，据说法师经常坐在巷口，给当地有需要者写字，他的字就是他的法。在这方面，弘一法师不仅是千万病友的榜样，同样是健康者们的榜样。

　　弘一法师的病痛时来侵袭，他的肺病始终没有治愈。在惠安乡间弘法时，他患了风湿性溃疡，手足肿烂，发起高烧。当广洽法师到草庵去探视他时，弘一仍整天地焚香、写字，换佛前净水，洗自己的内衣。广洽法师问："您的病，好些吗？"弘一的回答是："你问我这些，是没有用的。你该问我念佛没有，病中有没有忘了念佛，这是念佛人最重要的一着，其他都是空谈。在病中忘了佛号，在何时何地不会忘却佛号吧？生死之事，蝉翼之隔，南山律师告人病中勿忘念佛,这并非怕死,死,芥末事耳。可是,了生死,却是大事……"

弘一法师以为自己将死,强忍奇痛,写了一段临终的话给传贯法师:"我命终前,请你在布帐外,助念佛号,但也不必常常念。命终后,不要翻动身体,把门锁上八小时。八小时后,万不可擦身、洗面。当时以随身所穿的衣服,外裹夹被,卷好,送到寺后山谷。三天后,有野兽来吃便好,否则,就地焚化。化后,再通知师友,但千万不可提早通知。我命终前后,诸事很简单,必须依言执行……"

所有成熟的东西都想解脱。但弘一的解脱还早,这次强烈的溃疡延到一个半月之后,高烧退了,两臂肌肉大部脱落,腐烂的白骨赫然出现,奇臭,目不忍睹。1936年的春天来临,斑烂的骨上又生了些肉芽。他仍然正定、正信、正精进。为了责备自己,他在佛教刊物上声明,取消"法师、律师、大师"的称号。他给青年僧侣们说法:"惜福、习劳、持戒、自尊。"他脚上穿的一双黄鞋,是民国九年(1920)在杭州打佛七时,一位出家人送给他的。一双鞋子在他脚上度过了十六年。他床上的棉被面子,是出家前在杭州教书时的东西,那就有二十年了。他用的伞,则是二十五年前买自天津。他的草鞋、罗汉衣、小衫裤,缀缀补补,都伴他六七年了。因此,他穿的、用的,多是十年以上的旧东西,平时靠修补缝衲,延续寿命。至于别人送他好的东西、礼物，在非收不可的情况下，他收下来再转送别人。

1942年10月13日，给弘一法师护法一生的夏丏尊收到他的信："丏尊居士文席：朽人已于九月初四日迁化（圆寂）。曾赋二偈，附录于后：君子之交，其淡如水；执象而求，咫尺千里。问余何适？廓尔亡言；华枝春满，天心月圆。"弘一大师圆寂后七天，依照大师遗言，遗体以旧短裤遮覆，在泉州承天寺化身窑荼毗。执行遗嘱的妙莲法师与温陵养老院的叶青眼居士，都有相同的记述，写下火化时的情景：九月十一日下午七时，参加举火大众开始讽诵《普贤行愿品》，后起《赞佛偈》念佛。到八时举火，火化约一小时，众人恭候围绕。此时悠然异彩如虹，从窑门中喷射而出，火焰猛烈而逼人。大众被震惊，厉声念佛。待异彩倾射完了，大师色身便快捷地化尽。以后，由妙莲法师在骨灰中陆续捡出七彩舍利子：银色的、白色的、乳白色的、黄色的、浅红的、淡绿的……

为法师作传的陈慧剑说："弘一大师，累成我心灵上的接天高峰，是由于下列三点：一、他性格的坚强、突出，但没有凡俗之见。二、他淡泊名利，但不愤世嫉俗，心怀坦荡。三、他不顾生命，出家前献身于教育，出家后献身于佛道，胸中从无一个'我'字。在我三十多年的生命过程中，从未见过这样充满性灵光辉的人。弘一大师的住世，毋宁说是人类神性的反射！"赵朴初则说他"深悲早现茶花女，胜愿终成苦行僧。无尽奇珍供世眼，一轮圆月耀天心"。

　　作为"二十文章惊海内"的天才，前半生做李叔同，他集诗、词、书画、篆刻、音乐、戏剧、金石等于一身。在多个领域，开文艺先河。他是首创裸体写生的教师，是中国话剧的鼻祖，是传播西方音乐的先驱，创作的《送别》历经几十年传唱经久不衰："长亭外，古道边，芳草碧连天。晚风拂柳笛声残，夕阳山外山。天之涯，地之角，知交半零落。一瓢浊酒尽余欢，今宵别梦寒。"后半生做弘一，他的意志坚定如一，为正法久驻世间发愿："南山律学，已八百年湮没无传，何幸遗编犹存东土；晋水僧园，有十余众承习不绝，能令正法再住世间。"他把万有集于近道，弥留之际，写下了"悲欣交集"四字。有人说，这四个字有着说不尽的"香光庄严"。

鲁迅

1881—1936

一要生存,二要温饱

我们今天褒贬前贤多是着眼于他们的言行，很少从他们的生存状态出发了解其言行背景，事实上知人论世会使我们更能理解前人和自身。鲁迅的生存和心理状态是今人少有提及的，得益于陈明远等学者的研究，我们今天大概知道鲁迅一生的收入状况。十五年前的一项研究表明，鲁迅在参加工作直至去世的二十四年间，共收入银圆12万元左右，如果用今天的银价计算（按照2024年10月1日一克白银的交易价7.23元，一块银圆含纯银约23.9克），则相当于人民币2000多万元，即年均超过80万元。这笔收入，大概相当于今天北京、上海、广州的高级白领的收入。

可以说，鲁迅的收入不算低。有人因此认为，"鲁迅能够自食其力、自行其是、自得其乐，坚持他的自由思考和独立人格"。在人们对鲁迅的印象里，他虽然朴素，但生活起来也是相当享受的：鲁迅爱逛琉璃厂、淘古物字画，爱吃馆子、摆酒席，前期在北京住四合院时就雇用女工和车夫；后期在上海住大陆新村三层楼房，他和许广平、幼子海婴三人雇有两个女佣，晚年经常带全家乘出租车看电影、赴宴席……

鲁迅被一些人认为是文人成功的典范，他生活的精致细节给人突出的印象：一是饮食讲究，爱吃火腿等精美肉食，隔夜的菜是不大吃的；二是住房宽敞，初到上海不过两个人，租一层楼就够用，而鲁迅却要独幢的三层楼；三是喜欢看电影，而且要买价高的好座位，往返要乘汽车。

但如果仅仅把鲁迅看作成功人士，这不仅会妨碍我们对他的认知，甚至也是一种误解。事实上，鲁迅终生未摆脱生存的压力。跟今天的白领阶层一样，鲁迅的不安全感是实实在在的。这既跟他的家庭背景有关，也跟他后来在体制内和体制外的生存方式有关。

鲁迅出生在一个没落的封建家庭，父亲的病使他尝尽世态炎凉。他在名篇《〈呐喊〉自序》中写道："我从一倍高的柜台外送上衣服或首饰去，在侮蔑里接了钱，再到一样高的柜台上给我久病的父亲去买药。""有谁从小康人家而坠入困顿的么，我以为在这途路中，大概可以看见世人的真面目。"直到晚年，鲁迅还回顾说："契诃夫的想发财，是那时俄国的资本主义已发展了，而这时候，我正在封建社会里做少爷。看不起钱，也是那时的所谓'读书人家子弟'的通性。我的祖父是做官的，到父亲才穷下来，所以我其实是'破落户子弟'，不过我很感谢我父亲的穷下来（他不会赚钱），使我因此明白了许多事情。"

1912年，三十二岁的鲁迅进入教育部做"公务员"，开始领薪水，但只能领到半薪，当年收入1100元。第二年，工资上涨，但也只能领到九成薪水，全年计2586元。第三年，仍未领全薪水，全年收入3146元。随后几年多为3000多元的年收入。1918年，他开始在《新青年》刊物发表小说与杂文，但属于同人刊物，没有收入。

1920年，鲁迅年收入2640元，较前几年为少，因教育部拖欠三个月薪水。这一年鲁迅开始在北京大学和北京高等师范学校（后改为北京师范大学）任兼职讲师，尽管开始不计报酬，但总算在工薪收入外有了讲课费。1921年，鲁迅年收入2578元，其中讲课费88元。1922年收入不详。1923年，鲁迅年收入2304元，其中稿费69元，讲课费141元，这一年，鲁迅还在北京女子高等师范学校、北京世界语专门学校兼课。

1924年是一个转折年，这一年鲁迅年收入2600多元。教育部薪水3600元，鲁迅领到手的只有1095元，其他稿费700多元，讲课费800多元。工作十二年之久的鲁迅，业余讲课和写作收入超过了公职收入。1925年，鲁迅的年收入2800多元，这一年的鲁迅不仅继续在北大、北师大兼任讲师，而且开始在中国大学本科兼任小说学科讲师，在黎明中学和大中公学兼任高中文科教员。最多的时候，鲁迅到八所学校兼课。

我们由此可知，鲁迅的收入虽然不算低，但设身处地地想，他也并不轻松，否则不会到处兼课。一个民国体制中的公务员的辛酸，鲁迅都经历了。到1925年，鲁迅在他的名文《灯下漫笔》中还忠实地记录了他十年前的一次兑换钱的经历："我还记得那时我怀中还有三四十元的中交票，可是忽而变了一个穷人，几乎要绝食，很有些恐慌。俄国革命以后的藏着纸卢布的富翁的心情，恐怕也就这样的罢；至多，不过更深更大罢了。我只得探听，钞票可能折价换到现银呢？说是没有行市。幸而终于，暗暗地有了行市了：六折几。我非常高兴，赶紧去卖了一半。后来又涨到七折了，我更非常高兴，全去换了现银，沉垫垫地坠在怀中，似乎这就是我的性命的斤两。倘在平时，钱铺子如果少给我一个铜元，我是决不答应的。"他为此感叹，中国只有两个时代："想做奴隶而不得的时代""暂时做稳了奴隶的时代"。

一个参加工作十几年的"老公务员"仍未获得"财务自由"，这才是真实的鲁迅。1919年11月，鲁迅借债500元，为期3个月，利息1分3厘（共65元），补足购房款。1920年5月，鲁迅借债百余元。1921年3月，鲁迅又借债700余元。1924年5月鲁迅买下了破旧的小四合院——阜成门内西三条胡同21号（现在的北京鲁迅博物馆内），共花费1000元左右，鲁迅向友人许寿裳、齐宗颐各借400元，所欠的债，一直到几年后才用他的讲课费还清。

1926年，鲁迅在一篇日记中说："翻开我的简单日记一查，我今年已经收了四回俸钱了：第一次三元；第二次六元；第三次八十二元五角，即二成五，端午节的夜里收到的；第四次三成，九十九元，就是这一次。再算欠我的薪水，是大约还有九千二百四十元，七月份还不算。"

我们今天读鲁迅，可以想到这是人到中年的鲁迅，这是一种什么心境。有人说鲁迅"跑着去领工资"，当年的报纸还说鲁迅为"索薪"参加游行被警察打落了"门牙"，由此可见当时的公务员也得为自己"维权"。到1926年时，鲁迅还在给人写信说，想多"弄几文钱，以助家用"。

1927年夏天，鲁迅对朋友说："我想赠你一句话：专管自己吃饭，不要对人发感慨。并且积下几个钱来。"1928年夏天，鲁迅对一位朋友说："处在这个时代，人与人的相挤这么凶，每个月的收入应该储蓄一半，以备不虞。"过了几天他又说："说什么都是假的，积蓄点钱要紧！"

鲁迅的诸多名文都是在这种心境里产生的。1923年，鲁迅在题为《娜拉走后怎样》的著名演讲中说："除了觉醒的心以外……她还须更富有，提包里有准备，直白地说，就是要有钱。""钱这个字很难听，或者要被高尚的君子们所非笑，但我总觉得人们的议论是不但昨天和今天，即使饭前和饭后，也往往有些差别。凡承认饭需钱买，而以说钱为卑鄙者，倘能按一按他的胃，那里面怕总还有鱼肉没有消化完，须得饿他一天之后，再来听他发议论。""钱，——高雅地说吧，就是经济，是最要紧的了。自由固不是钱所能买到的，但能够为钱而卖掉。人类有一个大缺点，就是常常要饥饿。为补救这缺点起见，为准备不做傀儡起见，在目下的社会里，经济权就见得最要紧了。"

1927年，鲁迅在题为《革命时代的文学》的演讲中说："有人说'文学是穷苦的时候做的'，其实未必，穷苦的时候必定没有文学作品的；我在北京时，一穷，就到处借钱，不写一个字，到薪俸发放时，才坐下来做文章。忙的时候也必定没有文学作品，挑担的人必要把担子放下，才能做文章；拉车的人也必要把车子放下，才能做文章。"

因此，我们能够想见鲁迅的特殊性。跟民国众多的学者教授不同，鲁迅对经济、生计的敏感是异乎寻常的。作为长子的压力，作为公务员的束缚，使他活得并不舒坦。他一直生活在紧张、纠结之中，直到1926年，他还在为跳槽患得患失，8月底他去了厦门，1927年1月又去了广州，就是为了多挣钱。

自1927年秋天起，鲁迅决意脱离体制，他既不担任公职，也不做教员，而是专事独立写作。这一年，他已经四十七岁了。他选择了上海为定居地。有学者认为，鲁迅之所以如此，"一方面是基于战斗的需要——殖民文化与商业文化固然不堪，但也足以造成文化专制的缝隙，进而便于以笔为旗，展开社会批判与文明批判；而另一方面则分明出于经济的筹划和生存的盘算——这里汇集了全国最多的报刊、书局以及其他经营性文化设施,只有这里才能为纸间的劳作提供丰足持续的版税与稿酬,从而去除生活上的后顾之忧。这些都表现出先生清醒务实的经济头脑"。

这其实也是高看了鲁迅,他只是一个完全靠自己打拼的文人。师友们对他的帮助确实也开始见效,如蔡元培的介入,使鲁迅受聘为大学院特约撰述员,得月薪300元,从1927年12月到1931年12月,整整四年中,由大学院和教育部定期支付49个月之久,共计14700元,折合黄金490两。这些稳定的收入使鲁迅终于有了最后十年的较为稳定的生活。

1927年,鲁迅年收入3700多元,超过了北京生活时期。1928年,鲁迅年收入5900多元,其中一大半来自大学院特约撰述员的收入。1929年,鲁迅年收入15300多元(约合今人民币260万元),其中一大半来自他跟自己的学生李小峰打官司追回的版税。他的学生、北新书局的"书商"李小峰扣其版税,经协商分期偿还,据郁达夫说,总数有20000元之巨。1930年,鲁迅年收入15100多元。1931年,鲁迅年收入8900多元。1932年,鲁迅年收入4700多元。1933年,鲁迅年收入10300多元。1934年,鲁迅年收入5600多元。1935年,鲁迅年收入5600多元。……

也就是说,鲁迅直到生前最后十年,收入才算可观。陈明远说,"鲁迅在上海生活的整整九年间(1927年10月—

1936年10月）总收入为国币78000多元，平均每月收入723.87元"——合今人民币12万多元，相当于今天都市高级白领的收入。就是说，直到此十年，鲁迅才算有了"财务自由"。

可以说，鲁迅终生处在生计的纠缠之中。他跟当代"压力山大"的普通人一样，都面对着生存的紧张，只不过，他对自己的生计有着务实的考虑。对钱财的敏感使得鲁迅在日记里以"泉"来指代钱，他不羞于谈论钱，钱给人的感觉在他那里有过大量的呈现。人们都知道他在《药》里有写华老栓的一个动作，"按一按衣袋，硬硬的还在"。那是中国人都能心领神会的情景。学界认为他是"理财高手"，说他的理财有几大特点："不断跳槽转换工作""多线程理财""坚持亲自理财""选择最佳经济地区"等。这其实是高抬了鲁迅。跟民国傍官傍商、长袖善舞的理财专家不一样，跟梁启超、胡适等社会地位高的文化人不一样，鲁迅的理财真正是平民的、文人的。因此，他的言路、思路跟青年和大众相通。

把生计放在重要地位的鲁迅难以"免俗"。据说有人见识过他的俭啬，别人说笑时，他伸手从长袍里摸出一支烟来点燃自抽，哪像一般人有烟要散、"烟酒不分家"。他还说过，他跟高雅的知识分子是不一样的。"所以我恐怕只好自己承认'俗'，因为随手翻了一通《世说新语》，看过

'娥隅跃清池'的时候,千不该万不该的竟从'养病'想到'养病费'上去了,于是一骨碌爬起来,写信讨版税,催稿费。写完之后,觉得和魏晋人有点隔膜,自己想,假使此刻有阮嗣宗或陶渊明在面前出现,我们也一定谈不来的。"他对青年、对大众的劝告也极为实际:"我们目下的当务之急,是:一要生存,二要温饱,三要发展。苟有阻碍这前途者,无论是古是今,是人是鬼,是《三坟》《五典》,百宋千元,天球河图,金人玉佛,祖传丸散,秘制膏丹,全都踏倒他。"

鲁迅一生受气,其中多跟钱相关。直到临去世前几年,他还在跟学生打官司,被李小峰克扣的版税占他一生收入的五分之一;临去世前四年,国民政府不再支付他特约撰述员费用……这些事件都会影响一个人的心理。难怪鲁迅感慨:"在钱下呼吸,实在太苦,苦还不妨,受气却难耐……我想此后只要以工作赚得生活费,不受意外的气,又有点自己玩玩的余暇,就可以算是幸福了。"

但鲁迅是强大的。他虽然为钱操心,但仍不遗余力地行非常之举。他对亲友、对年轻人、对陌生人的帮助是多样的。其中,他出资印行叶紫的《丰收》、萧军的《八月的乡村》、萧红的《生死场》、曹靖华译的《铁流》以及纪念瞿秋白的《海上述林》等。他对左联刊物、对柔石家属的捐助亦有案可稽。在邮局工作的孙用,将自己的译稿《勇敢的约翰》寄给鲁迅，以求得帮助。鲁迅代其联系出版，垫付了230元的制版费，当书店付还一部分制版费时，他又用这些钱预支了译者的版税。上海英商汽车公司售票员阿累在书店里捧读鲁迅译的《毁灭》爱不释手，鲁迅热心向他推荐曹靖华译的《铁流》，得知他的钱不够，以一块钱本钱的价格把两本书都给了他。"我那一本，是送你的。"阿累从内衣的口袋里掏出那块带着体温的银圆，放到鲁迅的手里。……

我们从生计的角度看鲁迅，或者更能理解鲁迅是我们中间的一员，他跟我们一样，为生计所苦，承受了一个现代中国国民的生之甘苦。也只有如此，从当时到现在，他丰沛的文字才感动了一代代在中国生活中挣扎并能有所收获的心灵。

范旭东

1883—1945

定义现代企业家

无论是从当时人的感受和观察，还是从后来人的分析和认知来说，我国现代史都是一部动荡的历史。在这种动荡的时代要想做企业，千难万难。当代企业家动辄说，他们的生存离不开好的政策环境。那么在清末民初、军阀混战、抗战时期等乱世中活动的企业家们又当如何呢？如果还原当时企业家们的生存环境，恐怕是如今的企业家们的神经和心智不堪承受的。我国现代史上最初的企业精英们不仅经受了最险恶的幼年，而且提交了一份后人至今难以企及的答卷。

当范旭东从日本留学回国，贫穷的身世和较好的人脉资源似乎注定他要及时兑现人生的成功，就像今人在形格势禁的市场体制中勇攀成功之路一样。范旭东出生于湖南湘阴东乡的一个书香门第。七岁时其父去世，家境贫寒，全靠母亲做针线活维持生计。十岁时，其长兄源濂任私塾教师，他得以继续求学。后来他考入日本京都帝国大学学习应用化学，其间跟兄长的老师梁启超多有接触。回国后恰逢辛亥革命后的政局动荡，梁启超和范源濂等人都在民国政府里担任要职，范旭东由梁启超推荐到天津造币厂任总稽核。1912年7月，范旭东在北洋政府农商部任职。1913年，由于兄长的帮助，三十一岁的范旭东被北洋政府派往欧洲考察盐务。

这几乎是事务官、政务官的必然道路。这样的官宦生涯是再正常不过的了。在欧洲近一年间，他参观了欧洲大陆各国矿盐产地和沿海盐场。1914年，他回国后向当局提出了改革盐政的建议，主张取消专商，废除引岸，改良盐厂，统一税率，但他的建议被束之高阁。对官场黑暗厌恶不已的范旭东很快做出了选择，辞去公职，放弃优裕的生活，离开政治中心北京，从头开始创业。

当时的西方发达国家明确规定，氯化钠含量不足百分之八十五的盐不许用来喂养牲畜，可中国许多地方仍用氯化钠含量不足百分之五十的盐供人食用，中国人因此被称为"食土民族"。中国人的民间传说、乡野童话中也称某种黑泥巴是能治病的又咸又香的灵丹妙药。1914年冬天，范旭东一个人来到天津塘沽。这片曾受到八国联军洗劫的海边地带仍是一片凄凉，不过，盐碱遍地，无边无际，如冰似雪，一片晶莹。范旭东后来曾对陈调甫说，一个化学家，看到这样丰富的资源，如果还不能树立发展祖国化学工业的雄心，那就太没有志气了！他在附近荒凉的渔村中，开始了研制精盐的试验，终于将粗黑的海盐变成了雪白的精盐，氯化钠的含量达到了百分之九十以上。1914年，范旭东集资创办了"久大精盐公司"。从厂房设计、资金预算、设备选择直到机械安装，他事事到场。1915年，久大正式投产，产品商标定为"海王星"。1916年，第一批国产精盐运往天津销售，揭开了中国盐业史和重化工业史上新的一页。

从 1914 年到 1945 年，范旭东在我国近现代重化工业史上创下了多个第一：第一个用几口铁锅建造了精盐厂，第一个办起制碱厂、烧碱厂，第一个创建了硫酸铵厂，第一个建立全国精盐总会，第一个在川西南开辟出新的战时化工基地。毛泽东曾说中国近代工业史上有四个人不能被忘记，范旭东正是其中之一。称范是中国工业的先驱之一，实非过誉。有学者谈论范旭东筚路蓝缕的创业历程："诸如筹资融资之艰难、技术基础之薄弱、专业人才之匮乏，以及股东目光之短浅、外商挤压之蛮横、市场发育之病态等，实令后人难以想象。其间，范旭东曾因盐场建设进度延迟而被董事唾骂，因有了'名气'而遭军阀绑架勒索，因产品畅销而面对卜内门公司的不正当竞争，直至逝世前呕心沥血搞出的宏伟计划，在宋子文、孔祥熙的钩心斗角中不了了之……"。

范旭东在中国传统盐业的势力范围内争取了一个人创业的自由，那里面有盐警、盐商、盐官等盘根错节的利益集团，以及官府的盐业管制体制，比如引岸制，即官府把食盐的运销特权转让给大盐商，大盐商们便以包买包销的手段控制了盐业生产和销售市场；大盐商们持有官府发给的引票，在指定地区卖盐。范旭东能从中为新生的现代盐业搏击出一条道路，从没有政策的环境中顽强地生长出来，几乎有"凿空"之功。

这个从传统体制中挤出来的企业家，在一穷二白的现代国民生活面前，几乎是一个战略家。他生产出了现代国民可食之精盐，但面对外人所说的"中国人只知道盐是吃的，不知道盐还能干别的用"，范旭东又向其他盐制品业进军，如酱油业。最重要的，范自承自言："我去欧洲考察以后，越发感到一个国家若无制碱工业，便谈不到化学工业的发展。我之所以先创办久大精盐厂，正是为下一步变盐为碱，然后再发展中国的制酸工业，孕育强壮的中国化学工业之母。"

1918年11月，永利制碱公司在天津召开成立大会，招募银圆四十万。范旭东被董事会推选为总经理。但制碱比制盐更为艰难。外国人封锁关键技术，改进生产设备又缺乏资金，股东纷纷退出，永利几乎面临破产。1920年，为了摆脱困境，范旭东派陈调甫赴美考察，并委托他在美国物色人才，以高薪先后聘请了留美化工专家侯德榜和美国工程师李佐华（Gilmer T. lee）。在解决了大规模制碱的技术难题后，永利于1924年8月开工生产。但六年的设计安装耗资一百六十万元，出产的碱完全不合格，碱厂被迫停工。一波未平，一波又起，垄断中国碱业市场的英国卜内门公司见永利公司受挫，趁机要求收购。1925年，各路军阀先后多次勒索已经"成名"的范旭东，在一次绑票事件中，军阀讹诈久大十三万元之多。范旭东被救出后失声痛哭，感叹在中国办工业之艰难。

由于侯德榜等人的努力，制碱失败的原因被找出，1926年6月，永利厂重新开工，每日生产优质纯碱达三十吨以上；8月，"红三角"牌纯碱参加在费城举行的万国博览会，一举获得金奖。卜内门公司不甘心在中国被永利所取代，又使出了降价抛售的手法，范旭东在日本试销纯碱，扰乱卜内门碱在日本的市场，成功击败了卜内门公司独霸中国市场的企图。后来人们把范旭东这种"调虎离山"或"围魏救赵"之策，当作商战成功的典范。

永利办起来之后，范旭东又着手创办制酸工业。1929年1月，范旭东向国民政府提交报告，计划发展纯碱、硫酸、合成氨、硝酸等工业。1933年11月，范旭东正式呈文政府备案承办硫酸铵厂。1937年2月，一座远东第一流的大型硫酸厂，在南京卸甲甸顺利落成。日产硫酸铵二百五十吨，硝酸四十吨。范旭东把酸和碱称作化工的两大翅膀，他为此说："中国基本化工的另一只翅膀又生长出来，从此海阔天空，听凭中国化工翱翔！"

但国际国内环境并不容许范旭东实行他的民族工业发展战略。七七事变后，在当时整个亚洲都首屈一指的"盐碱大王"范旭东和他的化工厂，因能生产化工产品和军需物资，被日本人觊觎。塘沽沦陷后，日军把久大、永利两厂包围，派出代表要求合作，遭到范旭东的严词拒绝，结果两厂被强行接管。范旭东说："宁肯为工厂开追悼会，坚决不与侵略者合作。"为了不重蹈覆辙，范旭东决定将南京硫酸厂搬迁，凡是可以搬动的机器材料、图样、模型都抢运西移，笨重无法移动的设备，则将仪表拆走，其余拆毁投入长江。在西迁的路上，他鼓励员工说："这不是逃难，是创业。"

从1914年到1937年，范旭东以个人的努力，打造出中国的现代化工业。在国难家仇面前，他重新创业，决心为中国再创一个化工中心。从头再来虽然"豪迈"，却是辛酸的。当时国民政府虽然答应给予贷款两千万元，但直到1939年年底才订下合同。范旭东从美国购买的机器设备，由于日军的封锁，运往四川异常困难。1940年，驻越南的法军投降，范旭东途经越南的机器被日军拦截。其他器材不得不改由路程更长、路线更崎岖的滇缅线内运。为此，范旭东亲赴美国，购置载重汽车二百辆，又转赴仰光进行运输准备。虽然历尽千辛万苦，范旭东购买的设备还是未能运抵四川。

范旭东选定的碱厂厂址设在四川省犍为县岷江畔五通桥的老龙坝，为纪念塘沽的事业，他将老龙坝改名为"新塘沽"。五通桥的盐源比不上塘沽，井盐跟海盐差别很大，塘沽的制碱方法必须改进。为了提高食盐的利用率和减少污染，1938年8月，范旭东派侯德榜等人到欧美考察，侯德榜不负厚望，经过五百次试验，新法制碱终于宣告成功。1941年3月，范旭东集会宣布将新的制碱方法命名为"侯氏制碱法"。侯德榜成为家喻户晓的人物，侯宝林在相声里就说过侯德榜，"他做的碱疙瘩好吃"。

事业也给范旭东带来了巨大的社会声望。1938年起，范旭东担任国民参政会参政员，连任四届，得以再次接近政府高层。其间政府高官企图控制永利，以谋私利，都被范旭东拒绝。范旭东坚持了企业的独立性，却深受官僚资本的重压。受设备、资金短缺的影响，在大后方的永利一直处于惨淡经营的状况，特别是在抗战形势最艰难的1941—1943年，永利厂几乎被压垮，每人每月只发白米三斗，每三口人才发一块银圆的零花钱。但范旭东毫不气馁，而是眼光长远，拟定了战后的事业发展计划。1944年11月，范旭东赴美出席在东美太平洋城举行的战后国际通商会议。第二年年初，范旭东与美国华盛顿进出口银行商约借款，美方破例以优惠的条件借款一千六百万美元，只要中国政府担保，即可履行放款手续。但由于政府官员和部门的相互推诿，范旭东的借款建设计划"未予批准"。1943年，范旭东以参政员的身份向政府建议设置经济参谋部，制定战后建设计划纲领，同样无人问津。

这个雄才大略的社会企业家不幸于1945年10月4日辞世。据说，他的事业伙伴侯德榜当时的反应是"悲恸三日，足不出户"。当时国共两党领袖及社会各界都给予了他极高的评价。蒋介石称其"力行致用"，毛泽东送了"工业先导,功在中华"的挽联,业内同人更是赞其"私德可与事业媲美"。文豪才子郭沫若则写下了精当的挽联:"老有所终,壮有所用,幼有所长;天不能死,地不能埋,世不能语。"

这个对国民经济和社会发展做了实实在在贡献的中国人很少想到私利。他曾经说过自己不愿涉足冲突,而只愿开创新局,他说过自己不是一个商人:"新旧冲突,在我个人极不愿意有,宁肯为打开新局面拼命,懒得和腐旧的撕缠。久大当日兴办,大家都没有什么深意,说起惹人发笑。在我看,'书生之见',比'发财之念'浓厚得多,就是现在也不两样,要有冲突,应当从思想方面惹出来,绝不料会在买卖上纠缠不已。"他自律甚严,即使在生意顺利的天津时期,家中生活还是比较俭朴。日常食用的大米都是从老家湖南乡下运来,因为这样比在北京、天津购粮要便宜多了。两个女儿出生以后,范旭东的收入不够养家,就靠妻子的一些陪嫁首饰贴补家计。他全部的心思都投入公司的经营上,所得的酬劳几乎绝大部分用于事业了,至于家庭,则完全由妻子一手打理。范旭东去世后,家中生计更为艰难,直到1948年,永利公司董事会决定将永利公司的所有资产平均分作十一份,其中一份的五分之一赠给范氏遗孀作为抚恤金,这些股息才保障了范氏后人生活无忧。

范旭东的企业是成功的。据说,在永利碱厂工作过的老人回忆起过去的岁月,仍充满着对他的怀念。老人们说:永利碱厂工人们最得意的有两件事，一是凭着永利碱厂的厂徽可以在南京的商店里赊账，因为商家知道永利厂的工人有钱，不会赖账。厂徽的背后有编号，也不怕找不到人。二是厂里发给职工每家每户一台华生牌电扇。在20世纪40年代就能用上电扇，比中国普及电扇的时间整整早了三十年。1949年后，公司在社会主义改造中演变成国营企业，工人们有了新旧对比，不少人私下抱怨，在国营企业还比不上在范老板手下做事所得到的待遇。

跟商人参照，他是社会企业家；跟社会企业家参照，他是社会战略家。他提倡科学救国，对科研工作极其重视。1922年8月，他创办了黄海化学工业研究社，这是中国私人企业中设立的第一个化工研究机构。黄海化学工业研究社建在久大精盐厂附近，耗资一万余银圆，是一座能够供给一百位化学师研究之用的新型化工研究室。研究社包括定量分析室、定性分析室、化学实验室、动力室等，并附有图书馆，购到各国有关化工等方面的书籍五千余种，专门杂志十余种。"要维持'黄海'，又多一份开支，人皆笑范有些傻气。"由于当时资金困难，范旭东拿出董事会给他的久大和永利创办人酬劳金，用来创办黄海。他不仅用高薪聘请技术专家，还培养自己的人才团队。据说，凡是燕京大学、复旦大学和南开大学毕业生的前三名，他都想办法聘用。以至于在黄海研究社成立后不到十年的时间里，范旭东聚集和培养了三百多名化工技术人才。这些人在新中国成立以后，成为建设化学工业的技术骨干。研究社后来并入了中国科学院。1949年，周恩来看望侯德榜时，称赞范旭东培养人才的业绩，说永利集团是"技术篓子"。

这个以发展民族工业为己任的爱国者还有着当时中国人罕有的人类情怀。在他进军制碱工业时，当时最新的"苏尔维法"制碱方法虽然问世已经有五十年，却一直被西方少数几个国家所垄断，严格保密。范旭东从家中实验起，历尽艰辛，侯德榜制碱成功后，他鼓励侯德榜写一本制碱的学术著作，以揭开制碱工业的神秘面纱。1933年，侯德榜用英文写成的《纯碱制造》一书，在美国纽约正式出版。七十多年后，我们仍可以从书的朴素前言中感受中国人的胸怀："本著作可说是对存心严加保密长达世纪之久的氨碱工艺的一个突破。在以英文撰写的此类专著中或许是第一部。书中叙述了氨碱制造工艺方法，对其细节尽可能叙述详尽，并以做到切实可行为本书的特点。书中内容是作者在厂十多年从直接参加操作中所获的经验、记录以及观察、心得等自然发展而形成的。作者认为这一生产工艺的许多方面还需要做研究改进的工作，还认为在物理化学的这一领域中处理大量气体与液体的经验及数据应当公之于世界为其他化学工业所利用。这是出版此书的基本动机。"

林觉民

·1887—1911

一生都在《与妻书》里

林觉民是福建闽侯（今福州）人，字意洞，号抖飞，又号天外生，生于1887年，死于1911年。这个二十四岁即离开人世的青春少年因为革命而为世界称颂，又因为一篇《与妻书》而为后人钦仰。

从照片上看，林觉民长相一般：长脸、粗眉、细眼，表情执拗。这样一个人跟革命似乎没有关系，比起燕赵的慷慨悲歌豪杰，福建人似乎是温和的、柔弱的，缺少血性的，是过日子的样板。觉民确实也生活在小康之家。嗣父林孝颖是一个廪生，怀才不遇，寄情于文人的修身养性。三进的房屋，足以安顿小康之趣了。连接第一进与第二进的长廊被翠竹簇拥，觉民后来写道："回忆后街之屋，入门穿廊，过前后厅，又三四折，有小厅，厅旁一屋，为吾与汝双栖之所。初婚三四个月，适冬之望日前后，窗外疏梅筛月影，依稀掩映，吾与汝并肩携手，低低切切，何事不语？何情不诉？"

当时的清政府在国门开放、洋务改革之后，虽然制造了震惊世界的"戊戌政变"，但在时世推移中，仍"与时俱进"地接过了变法者的逻辑，甚至大张旗鼓地要进行"立宪"改革。当是时也，除了外侮过甚、地方权重、国力疲软外，整个帝国还是威仪堂堂的，改革也带来了民间、社会和商业上的活力，社会全局也仍稳定、平静。新的社会理想和生活方式还停留在梁启超、杨度、孙中山等人的头脑里，跟无数同胞的日常生活相距十万八千里。

按照通常的活法，少年林觉民会是帝国稳定的"接班人"，福州男人本来温良平和、锋芒深藏，林觉民应该是"家国天下"的乖孩子、好孩子，听话出活的样板。但时移世易，生命一旦与思想相结合，其中爆发的能量是没有人可以预期的。觉民聪颖过人，读书过目不忘，但他不愿学作八股文。十三岁那年，当他被迫应考童生时，在试卷上写下"少年不望万户侯"七个大字后，就第一个走出考场。用今天的话，在人们争相考"公务员"时，他从心里拒绝了。林父为此不安，安排他投考自己任教的全闽大学堂。林觉民有辩才，他在大学堂里纵议时局，演说革命。林孝颖指望校方严加束缚，总教习却说："是儿不凡，曷少宽假，以养其浩然之气。"一天晚上，还是中学生的林觉民在一条窄巷里跟人讲论"垂危之中国"，声泪俱下。学堂的一个学监恰好在场，事后他对人说："亡大清者，必此辈也！"孩子模样的林觉民还在家中办了一所小型的女子学校，讲授国文课程，动员姑嫂们放了小脚。以至于周围的亲人开始习惯觉民离经叛道的言行，虽然他们从未想象，四五年后的觉民手执步枪、腰别炸弹地闯入总督衙门。

1907年，林觉民赴日本留学。他在日本四年，攻读哲学，还学日语、英语、德语。檄文《驳康有为物质救国论》、小说《莫邪国之犯人》、译作《六国宪法论》就是此时完成的。这个瘦小的中国男人在东洋留学，入眼的不是樱花的璀璨，也不是大和美人的如花笑脸，而是祖国的现状和前途。用今天的话来说，在中国繁荣论和中国崩溃论中，没有人能够看清历史、平视历史，因为中国之大，日月递嬗之丰富足以让人眼花缭乱，一纪一世甚至一生沉溺其中。但林觉民却把中国当作解答的对象，他以为："中国危在旦夕，大丈夫当以死报国，哭泣有什么用？我们既然以革命者自许，就应当仗剑而起，同心协力解决问题，这样，危如累卵的局面或许还可以挽救。凡是有血气的人，谁能忍受亡国的惨痛！"这样的认知未必正确，但我们今天看到了，他的行动合于历史的目的性。历史之手假借他和他的战友们来书写了某种文明。

少年觉民完全是意气用事。如果这就是革命的话，我们也只能说，革命象征或包含了意气。当时的革命之难非今日所能想象，当时的革命事迹之儿戏亦非今人所能想象。1911年春，黄兴等人从香港来信：广州起义正在紧锣密鼓地筹备中。于是林觉民回到福州，他的任务是发动当地革命组织响应，并选拔福建志士前往广州去壮大队伍。农历三月十九日（4月9日），他带着一批志士二十余人从马尾登船，驰往香港。当然，在短暂的几天里，他回到家中跟家人团聚过了。

林觉民们并不知道自己在做什么，国人都在沉睡，在被侮辱和被损害中苟且，他和战友们的力量实在是微不足道的。但林觉民的正信正念在于，他坚信那是"历史的力量"，他正信自己的审判："第以今日事势观之，天灾可以死，盗贼可以死，瓜分之日可以死，奸官污吏虐民可以死，吾辈处今日之中国，国中无地无时不可以死。"因此，他也有着对自己行为的强大自信："此举如果失败，死人必然很多，定能感动同胞——嗟呼，使吾同胞一旦奋而起，克复神州，重兴祖国，则吾辈虽死而犹生也，有何遗憾！"

一群玩命的人到广州寻死，觉民就是其中之一。即使今天我们对革命尚不了解，公正地说，黄兴他们策划的广州起义如儿戏、如行为艺术，他们只是临时凑起来的"乌合之众"，人数不过几百，却企图攻占总督衙门。这连大规模集会骚乱都谈不上，这群玩命的书生所能凭借的只是理论、骚乱、口号，还有报纸、杂志和传单，以此与一个庞大的帝国对抗，他们却坚信不疑。

林觉民与同盟会会员攻入督署时，那里已经人去楼空。他们点了一把火，就扑向军械局。当大家涌到东辕门，一队清军横斜里截过来。据说，林文企图策反，他手执号筒，向对方高喊"共除异族，恢复汉疆"，应声而至的是一颗子弹。子弹正中脑门，脑浆如注，立刻毙命。慷慨悲壮的林文为自己镌刻的印章是"进为诸葛退渊明"。成长于军人世家的冯超骧，"水师兵团围数重，身被十余创，犹左弹右枪，力战而死"；体格魁梧，善拳术的刘元栋，"吼怒猛扑，所向摧破，敌惊为军神，望而却走，鏖战方酣适弹中额遽仆，血流满面，移时而绝"。还有方声洞，也是福州闽侯人，同盟会的福建部部长，曾经习医数载，坚决不愿意留守日本东京同盟会，"义师起，军医必不可缺，则吾于此亦有微长，且吾愿为国捐躯久矣"。他在双门底枪战之中击毙清军哨官，随后孤身被围，"敌枪环攻而死"。擅长少林武术、素有"猛张飞"之称的林尹民，能诗词、工草书、好击剑、精马术的陈更新、陈与燊、陈可钧，还有连江县籍的几个拳师，他们或者尸横疆场，或者被捕之后引颈就刃。这些人今天都已经被历史遗忘了。

当时一发子弹打中了林觉民的腰部，林扑倒在地，随后又扶墙挣扎起来，举枪还击。枪战持续了一阵，林觉民力竭不支，慢慢瘫在墙根。清军一拥而上，把他抓住。

林觉民在受审时打动了清军水师提督李准和两广总督张鸣岐。一介武夫的李准被少年觉民折服，他招来衙役，解除镣铐，摆上座位，笔墨伺候。林觉民写满一张纸，李准即趋前取走，捧给张鸣岐阅读。据说，林觉民一时悲愤难遏，一把扯开了衣襟，挥拳将胸部擂得"嘭嘭"响。一口痰涌了上来，林觉民大咳一声含在口中而不肯唾到地上。李准起身端来一个痰盂，亲自侍奉林觉民将痰吐出。张鸣岐则对旁边的一个幕僚小声说:"惜哉！此人面貌如玉，肝肠如铁，心地如雪，真奇男子也。"幕僚哈腰低语:"确是国家的精华。大帅是否要成全他？"张鸣岐立即板起脸正襟危坐:"这种人留给革命党，岂不是为虎添翼？杀！"

林觉民死后葬于广州的黄花岗荒丘，一共有七十二个起义的死难者埋在这里。这就是后来不断称扬的黄花岗烈士，这一"行为艺术"几乎使孙中山的闽粤骨干丧失大半。当然，他们的意义由革命者来书写就会非同寻常。黄花岗烈士殉难一周年之后，孙中山写祭文说:"寂寂黄花，离离宿草，出师未捷，埋恨千古。"时隔十年，孙中山在《黄花岗烈士事略》序言之中写道:"……是役也，碧血横飞，浩气四塞，草木为之含悲，风云因而变色，全国久蛰之人心，乃大兴奋，怨愤所积，如怒涛排壑，不可遏抑，不半载而武昌之大革命以成。"

但林觉民却留给了后人永远的想象，也给了后人永远的挑战。起义前三天的夜晚，林觉民与同盟会会员投宿香港的滨江楼。当同屋的两个人酣然入睡后，林觉民独自在灯下给嗣父和妻子写诀别书。《禀父书》曰:"不孝儿觉民叩禀:父亲大人，儿死矣，惟累大人吃苦，弟妹缺衣食耳。然大有补于全国同胞也。大罪乞恕之。"

《与妻书》写在一方手帕上:"意映卿卿如晤：吾今以此书与汝永别矣！"在林觉民就义后不久，这方手帕被人送回福州，从林家门缝里偷偷塞了进去，到达林觉民的妻子陈意映的手上。"吾作此书时，尚是世中一人；汝看此书时，吾已成为阴间一鬼。吾作此书，泪珠和笔墨齐下，不能竟书而欲搁笔，又恐汝不察吾衷，谓吾忍舍汝而死，谓吾不知汝之不欲吾死也，故遂忍悲为汝言之。"《与妻书》一千来字，一气呵成。有夏完淳的柔情，有谭嗣同的侠骨。"吾至爱汝，即此爱汝一念，使吾勇于就死也。吾自遇汝以来，常愿天下有情人都成眷属；然遍地腥云，满街狼犬，称心快意，几家能够？司马青衫，吾不能学太上之忘情也。语云：仁者'老吾老以及人之老，幼吾幼以及人之幼'。吾充吾爱汝之心，助天下人爱其所爱，所以敢先汝而死，不顾汝也。"他全部的生命德行体现在《与妻书》中了。

他与陈意映确实是恩爱非常。虽然是父母之命，媒妁之言，但命运却让林觉民遇到了情投意合的陈意映："吾妻性癖、好尚与余绝同，天真浪漫女子也！"他曾逃家复归，意映泣告："望今后有远行，必以告妾，妾愿随君行。"林觉民在书中说："前十余日回家，即欲乘便以此行之事语汝，及与汝相对，又不能启口，且以汝有身也，更恐不胜悲，故惟日日呼酒买醉。嗟夫，当时余心之悲，盖不能以寸管形容之。"他只能选择独自离去。他有什么权利？他的权利写在《与妻书》中了。

一个月之后，陈意映早产。五个月之后，武昌起义。又过了一个月，福州起义，闽浙总督吞金自杀，福建革命政府宣告成立。据说，福州的第一面十八星旗由陈意映与刘元栋夫人和冯超骧夫人在起义前夕赶制出来。武昌起义成功半年之后，孙中山返回广州时途经福州，特地排出时间会见黄花岗烈士家属，并且赠给陈更新夫人五百银圆以示抚恤。林觉民确实站在历史正义的一边，他的短暂一生当然不同于苟且自得的同胞。但是，革命成功了，陈意映却得独自承受丧夫之痛。两年之后，陈意映抑郁而亡，她只能活在林觉民的《与妻书》之中了。

有此一书，林觉民足以千古，虽然他从未想过要什么千古。他给人生断后的文字是如此深情、坚定，以至于他在人间只活了二十四年，却成了深情、坚定的人格代表，他成了情种的象征。这使得他从历史的无名悲剧里走出，成为我们中国人生活的一部分。他对当代的挑战远未结束。入选了中学课本的《与妻书》让千万人叹息，港台人的歌声也一再流连于这千古的革命者的爱情，有童安格的《诀别》，有许乃胜的《意映卿卿》，还有齐豫的《觉——遥寄林觉民》。

顾维钧

1888—1985

永远有说『不』的权利

我国的近现代史是一部充满屈辱、苦难的历史，一个文明悠久的东方大国处于"半殖民地半封建"状态。毛泽东准确抽象出的这一社会性质，在国家而言，是被列强欺凌的弱国；在国民而言，是弱势子民、臣民、市民，而非代表中国人新生精神的公民个人。在这方面，当然有例外。1972年9月，中国代表团赴纽约出席第二十七届联合国大会。临行前，毛泽东交给代表团成员一项特殊任务：在美期间看望顾维钧先生。毛泽东说："我很敬佩顾维钧先生的外交才华和为人。"

对中国近现代史研究多有贡献的唐德刚曾感慨，清末以来中国有两个半外交家：李鸿章、周恩来，半个是顾维钧。唐德刚的理由是顾维钧未曾有过决策权，而他认为李、周都有过决策权。但事实上，顾维钧也行使过决策权，在巴黎和会上他和陆徵祥就决定不理会北洋政府的命令，自行决定拒绝在对德和约上签字。

巴黎和会，中国代表团五位代表：陆徵祥、王正廷、顾维钧、施肇基、魏宸组。陆是外交总长，王是南方政府代表，驻英公使施肇基和驻比公使魏宸组是外交前辈，顾则最年轻（只有31岁），资历最浅。陆总长呈报给当时的北洋军阀主政的民国政府时，将顾和施排序置换；在民国大总统徐世昌回复的训令中，顾的排名则被提前至第二名。

代表团的不和因此更为显然。比内部问题更严重的是，日本先发制人，率先在五个大国的"十人会"上提出德国在山东的权益应直接由日本继承。而英、法、意等国在"一战"中跟日本签约承认过此一问题，在此时站在日本一边。事关中国，美国总统威尔逊提请中国代表对此进行说明。结果，陆徵祥称病无法赴会，王正廷、施肇基称对山东不熟，而推由顾维钧代表中国发言。顾维钧没有退让。

他事先做了准备，在大战结束前就在驻美使馆内成立小组，专门研究与战后和会相关的问题，并将研究报告送交国内，主张应向和会提出收回德国强占山东的权益。因此面对英、法、意、日、美等大国"十人会"的十人代表，他演讲得非常成功。这是顾维钧第一次在国际讲坛上发表长篇演说。他克服了紧张情绪，"初似发言稍颤，既乃侃侃而谈"，要求"根据和会承认的民族主义和领土完整的原则，中国有权收回（山东被占的）那些领土"。结果，全场鼎沸，掌声如雷。"中国的孔子有如西方的耶稣，中国不能失去山东正如西方不能失去耶路撒冷"，这句名言被《费加罗邮报》等多家重要报纸引用。美国国务卿蓝辛在自己的会议笔记中说："顾的论点完全压倒了日本人。"法国总理克里孟梭则评论道："顾之对付日本，有如猫之弄鼠，尽其擒纵之技能。"

因此，巴黎和会到后来几乎成了顾维钧一人独立施展中国外交的舞台。北洋政府电令出席巴黎和会的中国代表团："对于此项草约，大体应行签字，唯山东问题应声明另行保留，以为挽救地步。"当保留签字的要求被拒绝之后，北洋政府再次训令："如保留实难办到，只能签字。"但顾维钧在称病住院的陆徵祥支持下，违抗北洋政府训令，拒绝出席6月28日对德和约签字仪式。据说这是我国近代外交史上第一次说"不"。他的女儿顾菊珍曾说："中国现代史表明，先父顾维钧是在国际会议上对列强说'不'的第一人。"

顾维钧说的"不"是建立在理性的、和平的外交基础上，他改变了弱国任人欺凌、弱国无外交等似是而非的命题。弱国无外交一类的妄言，在相当大的程度上，是上层无能而欺瞒民众的谰言。对于真正的爱国者来说，身为弱国国民，仍有足够的外交机会可以为自己的国家谋福。这种外交机会，不仅涉及理性的力量，也涉及事无巨细的准备工作；不仅涉及外交技巧，也涉及人类的尊严。综观顾维钧一生的外交成就，无不着眼于尊重对方并赢得对方的尊重。

在前往巴黎参加和会的前夕，顾维钧整天埋头准备工作，为中国代表团草拟了一项计划，包括"二十一条"、山东问题、收回租借地等七个问题。此外，他还对国联问题进行了认真的研究，为中国代表团在巴黎和会上的工作打下了坚实基础。此外，顾维钧还专门拜会了以威尔逊总统为首的美国代表团，向他们阐述了中国对和会的要求，获得了美国政府在和会上尽力支持中国的承诺。而在为中国陈情时，顾维钧提及了人类的尊严，他代表中国表达感谢，说："尽管深怀感激，但是中国代表团认为通过出卖同胞的天生权利，借以对协约国表示感恩，这将是对中国和世界的失职行为，并因此播下未来混乱的种子。"

因此，顾维钧赢得了国际社会的尊重。他的爱国热情、职业伦理、外交才能，使得李鸿章代表的弱国外交成为过去。历史掀开了新的一页。他说的"不"也不是弱者非理性的反应，而是抗议强权、抗议大国分赃的政治。如果李鸿章式的外交是努力使国家和民族的损失降到最低地步，那么到了顾维钧这里，外交参与了国际事务，参与了国际政治、经济秩序完善的艰难历程。从顾维钧开始，一批在美国、欧洲留学专攻外交的专业人士进入外交界。中国真正意义上的外交开始了。

在顾维钧的外交努力下，中国拒签对德和约。不少弱小国家和民族的代表，像阿拉伯的费舍尔亲王和印度的土邦主们，在顾维钧那里看到了希望。后来，罗马尼亚、塞尔维亚、南美洲各国也仿效中国代表，采取了拒绝签字的外交手段。可以说，中国成为弱小国家和民族的榜样，从巴黎和会就开始了，弱国外交的意义是深远的。除拒绝签字对德和约之外，顾维钧还以列国侵犯土耳其领土、主权完整为由，拒签对土和约。弱国外交在此已主持了国际正义。

但顾维钧不仅是说"不"，他也承认了现实中的国际秩序，代表中国签署了对奥（地利）和约，不仅成为中国废除不平等条约之首创，而且使中国因此成为国际联盟的会员国，后来还被选为国联行政院四个非常任理事国之一。这是中国首次进入并被承认为国际社会的一员，此前中国被认定为非国际社会成员，无资格适用国际法。此外，中国还签署了对匈（牙利）和约、对布加利（保加利亚）和约，第一次以战胜国姿态出现于国际社会。顾维钧等还签署了《国际航空专约》，使中国与其他国家具有同样的领空权。可以说，巴黎和会除对德和约有辱中国主权外，在其他方面，中国都取得了相当大的外交成就。

当时的《东方杂志》报道："被举（选入国联行政院）以后，惊骇者若而人，庆贺者若而人，华族寓公，人人色喜。记者目击情状，汗流浃背；思中华民国自九年十二月十五日起，在国际上所处之地位，已与列强同等矣。"英国驻北京公使艾思顿（Beilby Alston）在给英国外交部的年度报告中写道："尽管内部可悲的困难，中国赢得外国更高的尊敬；当中国拒签《凡尔赛和约》时，国际尊敬的高潮开始涌起。日本虽然取得当时政治上的胜利，中国赢得道德上的胜利，并在赢得国际行政院席位时达到巅峰。"

在顾维钧的外交生涯中，他极为看重中国介入国际事务的可能性。早在日本要求"二十一条"时，顾维钧就认识到，中国需要国际上的支持。在日本要求绝对保密的谈判期间，他没有征求袁世凯的同意，悄悄把消息透露给了英美。果不其然，国际反应对日本构成了压力。在这种情况下，袁世凯看到对外界做一定透露有助于中国，开始有意地让顾维钧继续透露消息。顾维钧的勇气和才能，使得他在27岁时被袁世凯任命为驻美公使。一般以为林则徐代表了近代以来首批具有"世界眼光"的人，从袁世凯临死前的行迹看，当时中国顶级的政治人物才开始具备"世界眼光"。

有了巴黎和会上的外交成果，在国联中，顾维钧不失时机地向国联大会提交废除"二十一条"、归还山东权益的"鲁案"。日本为此表示，只要日、中开始单独商议，愿意归还山东权益。顾维钧再次说"不"，他拒绝有条件地归还，拒绝单独开议。最终于1921年11月12日由美国发起华盛顿会议，中国在会议上提出废除"二十一条"的要求，日本迫于美、英压力，终于在1922年2月4日与中国签订《中日解决山东悬案条约及附约》，"二十一条"及山东问题的换文、对德和约关于山东的条款被推翻；并于6日签订了《九国公约》，强调尊重中国的领土完整和主权独立，给予中国自行发展的机遇。

随后，顾维钧于1924年5月同苏联代表加拉罕签订

《中俄解决悬案大纲协定》及其附件。这不但是近代中俄第一次平等地签订条约，也是中国凭借外交途径废除不平等条约的开始。

1925年6月24日，北洋政府正式向各国政府发出修改不平等条约的照会，要求召开华盛顿会议确定的关税会议和法权会议。同年10月26日，关税特别会议在北京召开，共13个国家参加。11月19日，会议第二委员会通过决议：承认中国享受关税自主之权利，允许解除各国与中国间现行各项条约中所包含之关税束缚，并允许中国国定关税条例于1929年1月1日发生效力。

因此可以说，顾维钧改写了弱国无外交的历史。

这个堪称近代以来中国第一外交家的爱国者，当然知道实力的重要，并知道弱国外交所受的屈辱。1933年2月，通过颜惠庆、顾维钧、郭泰祺等人的艰苦努力，国际联盟以压倒性多数通过了关于中日冲突的报告书，中国在外交上居有利地位。当是时，日军发动对热河的进攻，顾氏等人急盼中国军队奋力作战，可是中国军队一再溃退。日内瓦的外交官们看到中国军队这般软弱无能，与中国代表团在国联大会上辩说时所持的强硬态度形成强烈的对照。中国代表立即转为尴尬的处境，顾说："不论我们每次怎么说，宣称要坚决抵抗，但是到了第二天，传到日内瓦的消息总是又丧失一块土地。"在此情况下,颜、顾、郭联名致电政府辞职:"自报告书公布后,军事方面重要甚于外交。将来外交前途,多视军事为转移,惠等心余力拙……应请准于开去代表职务。"顾维钧晚年忆及此事,"犹感难堪"。

但顾维钧更坚持弱国外交的可能性,并奠定了现代国际外交的重要原则。他曾反复阐述关于外交谈判的基本,即否定全胜论。顾说:"每一个中国知识分子都记得一句古话:'宁为玉碎,不为瓦全。'换句话说,坚持原则比只顾局部利益为好。我一向把这句话看作个人一生中的宝贵箴言,因为一个人的生命是有限的。但这项箴言不适用于外交,因为国家是永存的,不能玉碎,一个外交家不能因为必须坚持原则而眼看着他的国家趋于毁灭不顾。"这个否定全胜论的思想,不仅适用于弱国,也适用于强国。

作为一个政治人物,顾维钧在民国风雨飘摇的政坛上始终屹立不倒。其原因,除了他有钱,他热衷做官,他知道自己从政的价值外,也在于他维护了现代国家极为珍贵的人格独立。这种人格独立体现在了相当程度的利益中立上。有人为此问顾维钧,在中国政府权力处于风雨飘摇中时,他何以能够左右逢源、官运亨通。顾维钧回答说:"问题很简单,我从不介入派系之争。我的活动纯以国家民族利益为依归。凡是有益国家的事,我必尽绵薄之力。反之,有害的事,我宁愿挂冠而去。"

他的人格独立甚至体现在做人的细节上，即他尊重对手。人们回忆说，顾维钧的态度非常雍容，从来没有疾言厉色。他对人总不称"你"而称"您"。他说："在外交上讲话，一定得有礼貌。例如知道对方不会同意自己的意见，而话一定得这样说：'我相信您一定会同意我的意见吧。'"

英国人因此这样称道他："中国很少比顾维钧博士更堪作为典型的人了。平易近人，有修养，无比耐心和温文尔雅，没有哪一位西方世界的外交家在沉着与和蔼方面能够超过他。"

顾维钧的人生可圈可点。

作为一个家境并不殷实的孩子，顾维钧可谓得上天眷顾。11岁时，他跟上海道尹袁观澜之子袁履登为同学。袁幕府中的张衡山会看相，说：这两个孩子皆非等闲之辈，唯履登不正，将来恐难有善终（后沦为汉奸）；维钧则一帆风顺，富贵双全。张为此把女儿许配给了顾维钧，是为顾第一次婚姻。张还为此资助顾维钧，变卖祖产送顾去美国留学。

这个美男子有着匪夷所思的好运气。当他还在美国读书时，唐绍仪作为清朝政府的特使访问美国，在大使馆里接见了40位中国留学生，顾维钧作为学生代表致辞，给唐绍仪留下了好印象。当袁世凯执政，唐绍仪出任袁世凯的内阁总理时，他向袁世凯举荐了顾维钧。那时，顾维钧的博士论文只写了一个序章，他准备拒绝来自北京的邀请。他的导师约翰·穆尔对他说："你学习外交就是为国报效，现在有这么好的机会，你应该抓住。"在导师的理解和支持下，顾维钧以一篇不成熟的论文《外人在华之地位》而拿到了博士学位，回国赴任。多年后，顾维钧回忆起导师时说："约翰·穆尔是对我一生影响最大的人。"

这篇论文据说是顾维钧的遗憾，唐德刚也评其"不够"，实在是学人书生之气。反而顾的导师，做过美国国务卿助理的约翰·穆尔更懂得学术论文和事功之间的关系，甚至他的母校，也更能理解一个现代公民的意义。在哥伦比亚大学的杰出校友排名榜上，顾维钧、胡适、吴健雄是最早列入的三个中国人。

顾维钧认识了唐绍仪的女儿，唐小姐很快坠入了情网，并要挟父亲出面。据说，这个学者气很足的唐绍仪被逼无奈，只好以国务总理之尊授意淞沪护军使（警备总司令）何丰林，叫他负责顾维钧退婚一事。何丰林本是粗人，亲自带了百名士兵，跑进张公馆，找到张衡山，逼他立刻写退婚书。张衡山向来不畏强暴，愤然地对何丰林说："顾维钧不是东西，我当然不要他做女婿，退婚可以，但我不能受你的威逼，你带了大兵包围我的住宅，太侮辱我了。"何丰林拍桌子大声地直嚷："你不退婚，我公事上怎么交代？我官做不成，和你拼命！"退婚事成，张衡山感叹："我只会看相，不会看心。"不久便抑郁而死。事实上，会看相的张衡山的悲剧才是当时中国新旧交替中注定的悲剧。

顾维钧在中国政坛如鱼得水。他的第二段婚姻以1918年夫人病亡而告一段落。唐小姐的死使得顾维钧一度心灰意冷，想辞去公职，但他还是以国事为重，在巴黎和会上展示了中国人的形象。

很快，顾在伦敦的社交场合结识了"糖王"黄奕住的爱女黄蕙兰。黄奕住为英伦华侨第一巨富，死时积财500万镑。据说，长相平平的黄蕙兰生怕顾维钧被别人夺走，她老练而坦白地对顾说："我的金钱力量，可以保证你事业的成功，我们来开始合作吧。"据说顾曾找过一个有名的星卜家，出了一个金镑的酬劳，为他占卦这门亲事。卦占结果：佳偶天成，大吉大利。顾意始决。二人在伦敦结婚，时人称"一镑缘"。

黄蕙兰精通几国语言，婚后跟随丈夫活跃于国际政坛上，处处能为丈夫助一臂之力。但他们个性并不适合，夫妻一起生活了三十余年，最后仍劳燕分飞。顾维钧娶的第四位夫人严幼韵，充当了"好管家、好护士、好秘书"的角色。顾维钧在88岁高龄时，还完成了11000余页的口述回忆录，即与夫人的精心照护息息相关。他晚年过着"不忮不求，不怨不尤，和颜悦色，心满意足"的生活。在谈到长寿秘诀时，他说："散步，少吃零食，太太的照顾。"

有人说，这个弱国的幸运国民得益于他的长相、婚姻，他的四段婚姻或主学，或主贵，或主富，或主情，给了他近乎完美的人生。但综观他的一生，他配得上他的际遇。用我们现在的话说，他贱而不肆志，富贵不骄人。他给过章士钊这些同时代的人暴发的错觉，但他做人做事仍立足于国家、人民。他是他那个时代在国家和个人上做到双赢的人，既为国家做了贡献，又成全了自己。

他的爱国出于至诚和人的尊严。当他还是一个少年时，经过外白渡桥，看见一个英国人坐着黄包车，急着要去看跑马。拉车上桥本来就累得很，他还用鞭子抽打车夫。顾维钧愤怒地斥责这个英国人说："Are you a gentleman？（你还算是个绅士吗？）"

他对文化文明的尊重也融进了血液，养成了习惯。他以外交干才著称，用英语多，用中文少，但他非常看重中文。他曾要求秘书杨玉清每天从古文中选一点材料抄给他，他夜晚回家去读。他对杨玉清说："一个中国人，当然应该把中文学好。一个人不能说年纪大了就不求进步。我应该学中文。你这样做，是帮我的忙。"

陈寅恪

1890—1969

读书不是为了学位

我们今天可能仍难以介绍陈寅恪。这位不世出的中国人物，在当时以及今天都感动了无数人，只是人们至今很少准确地理解他。人们多随喜般地称赞他的学问，他的个性，甚至人们也多少了解陈先生在艰难环境中对学问、精神自由的坚守，但人们很少总结出这个中国人给我们带来的荣誉、精神成果，以及他对现代大学教育和人生教育等方面的启示和个人革新……

谈起陈寅恪，总让人想到两句诗："虚负凌云万丈才，一生襟抱未曾开。"是的，按亲友俞大维的说法，陈寅恪平生的志愿是写成一部陈氏《中国通史》，及《中国历史的教训》，在史中求史识。但因为晚年的遭遇，他的双目失明，使得大作未能完成。有人说，这不但是他个人的悲剧，也是我们这个时代的悲剧。的确，在当时，大学者吴宓就说过，陈寅恪是"全中国最博学之人"。日本人白鸟库吉也说陈寅恪是"中国最博学的人"。虽然如此，陈寅恪并没有俗世的声名，不像梁启超、胡适等成为几乎家喻户晓的人物。

陈寅恪的学问和传奇是难以说尽的。他治学面广，在宗教学、历史学、语言学、人类学、校勘学等领域均有独到的研究和著述。他说："前人讲过的，我不讲；近人讲过的，我不讲；外国人讲过的，我不讲；我自己过去讲过的，也不讲。现在只讲未曾有人讲过的。"梁启超很尊重他，虚心地向人介绍："陈先生的学问胜过我。"梁甚至说："我梁启超虽然是著作等身，但是我的著作加到一起，也没有陈先生三百字有价值。"陈寅恪的课上学生云集，甚至许多名教授，如朱自清、冯友兰、吴宓、钢和泰等都风雨无阻地听他的课。一向"大胆怀疑"的胡适谈起陈寅恪则用了"当然"两个字，他说："寅恪治史学，当然是今日最渊博、最有识见、最能用材料的人。"目高于顶的学者傅斯年则说："陈先生的学问近三百年来一人而已。"新中国成立后，有着诗人气质的学者郭沫若则号召北大学生"在资料占有上也要超过陈寅恪"……

就是这样一个人，却并未实现他的治学梦想。但这不妨碍他得到人们的尊重，不妨碍他的敌人、即使是在意识形态领域的敌人的重视，不妨碍他的讲课由学生的笔记下来仍成为史学经典。万绳楠教授就把当年的笔记整理为《陈寅恪魏晋南北朝史讲演录》出版，感叹他的治学方法的科学性和创造性。他的一生在当时以至于今天都是传奇，易中天在《劝君免谈陈寅恪》的文章中就曾着眼于他的传奇："他学问大得吓人，据说外语就懂十几门（也有说二三十种的）。名气也大得吓人，据说毛泽东访苏时，斯大林还专门问起。英国女王也曾来电问其健康。"易中天还历数国共两党的高层人员跟陈寅恪的交往：胡适、傅斯年、郭沫若、胡乔木、周扬、冯乃超、杜国庠……

因此，谈论陈寅恪需要很多参照。只有这些参照足够多，也就是说，谈论陈寅恪的视野进入到文明的核心或文化的高峰处，我们才能理解，为什么一个纯粹的学人能够在东西方的上层社会都得到重视。如果说，孔子是大成至圣，那么无数人谈论陈寅恪的结论就是一个"大成至学"。章太炎生前感叹，自己死后，华夏文化亡矣。那么，在陈寅恪那里，不仅复兴了华夏文化，而且打通了中西文化。可以说，陈寅恪是殖民地、半殖民地的文化自信和文化重建的人格象征。

这样一个人，当然不只是书斋里的腐儒或遗老遗少，即使称其遗老者，也会承认陈寅恪用世极深。1940年，为中央研究院选举，陈寅恪专程前往重庆，对他来说，"来渝只为胡先生"，为了给胡适投下一票。在选举期间，蒋介石宴请了陈寅恪等人，陈为此赋诗："食蛤那知天下事，看花愁近最高楼。"表达了他对蒋的失望。1953年，中共中央历史问题研究委员会决定在中国科学院设立三个历史研究所（上古、中古、近代），拟请陈寅恪任二所（中古所）所长，他开出的条件居然是"允许中古史研究所不宗奉马列主义，并不学习政治"。而且，"不止我一人要如此，我要全部的人都如此"。这还不算，他还要毛泽东或刘少奇给他开证明，

"以作挡箭牌"。可以说,整个20世纪,中国的知识分子都难逃政治阴影的笼罩,但陈寅恪绝非遗老遗少,也非阿谀逢迎的北门学士,他出入自如,坦坦荡荡。他的答卷比严复、鲁迅、胡适、顾准等人更要高远,郭沫若等人当然难以望其项背。在这个意义上,陈寅恪远远超过了他的中国学界同人,而直接跟20世纪世界知识的前沿或高端——存在主义等现代性的寻找和认同——同步。他是真正的存在者,他不在时尚里,他旁观并介入时代,他是一个以自身方式来存在的"不在之在"的大师。

当然,陈寅恪并未能实现他的用世梦想。有人说,陈先生有隋末大儒"文中子"王通之才识,但他的才思遇到了革命世纪,难以舒展。因此,无论多少人谈论陈寅恪,他的人生传奇和学问传奇,仍是以悲情的象征占据了我们的世纪和心灵,如果人们不能了解并理解这一悲情,那么谈论陈寅恪极易隔靴搔痒,极易猎奇炫耀,于人于己并无教益。

陈寅恪不惮于暴露并表述自己的悲情,他在谈论王国维时就说过:"凡一种文化值衰落之时,为此文化所化之人,必感苦痛,其表现此文化之程量愈宏,则其所受之苦痛亦愈甚。"他在写《柳如是别传》时说过:"披寻钱柳之篇什于残阙毁禁之余,往往窥见其孤怀遗恨,有可以令人感泣不能自已者焉。夫三户亡秦之志,《九章·哀郢》之辞,即发自当日之士大夫,犹应珍惜引申,以表彰我民族独立之精神,自由之思想。何况出于婉娈倚门之少女，绸缪鼓瑟之小妇，而又为当时迂腐者所深诋，后世轻薄者所厚诬之人哉！"

在文化人都与时俱进之际，陈寅恪坚定于自己的"著书唯剩颂红妆"。1952年，陈寅恪就写诗讽刺追赶时髦的文化同人，还把诗寄给北京大学教授邓之诚："八股文章试帖诗，尊朱颂圣有成规。白头学究心私喜，眉样当年又入时。"按易中天等人的考证，这里讽刺的就有他的朋友：年事甚高的辅仁大学校长、历史学家陈垣。当朋友们趋新趋时"生吞活剥马列主义，炮制新八股"时，陈寅恪的敏锐和历史眼光是惊人的，1951年，当他听说北京"琉璃厂书肆之业旧书者悉改新书"，他写诗说："而今举国皆沉醉，何处千秋翰墨林。"可以说，他并未丧失对时代的判断，也未迷失过自己。1964年6月，陈寅恪向自己晚年最知心的弟子蒋天枢托以"后事"，并写下了带有"遗嘱"性质的《赠蒋秉南序》一文。在这篇不足千字的短文里，陈寅恪称自己虽"奔走东西洋数万里"而"终无所成"，现在又"奄奄垂死，将就木矣"，但也有足以骄傲自豪者，那就是："默念平生固未尝侮食自矜，曲学阿世，似可告慰友朋。"

这个一直活在文化里和上层心中的陈寅恪活得并不轻松。陈寅恪自称"寂寞销魂人"，他付出的代价并非一般人所能承受。据说，弥留之际，他一言不发，只是眼角不断地流泪……

说起悲情，陈寅恪属于中国人。鲁迅、陈寅恪……甚至在2010年去世的朱厚泽、吴冠中，都堪称悲情的中国人。在20世纪，鲁迅是最痛苦的中国文人；吴冠中，是最痛苦的中国艺术家；陈寅恪，是最悲情的中国学人……这种痛苦、纠结、悲情之所以能成为象征，在于他们是中国的、现代的、中国人的、中国文化的，他们既不属于精英也不属于民众，既属于上层也属于下层。有人说："先生如入《儒林传》，古今大儒失色；先生如入《文苑传》，天下文人黯然；先生如入《道学传》，大师让出一头；先生如入《隐逸传》，隐者奔走骇汗。"也许只有如此，他们才真正将一生过成了传奇，才真正取得常人难以想象的人生成就。

因此，只有理解这种悲情，才能理解陈寅恪们对自己人生事业的执着。具体到陈寅恪，我们该清楚，在祖辈、父辈均为当时名臣、名士的情况下，他并没有像一般人，比如今天的富二代、贵三代的公子哥那样，去拿到一个学位迅速进入社会，迅速进入成功人士行列。

陈寅恪是一个难得的读书种子。他的记忆力极好，据其学生说："幼年在湖南时，只有八九岁。祖父宝箴会客，随侍在旁静听。客走后，谈过的话，别人都记不得了，陈师照述无遗。""从小看书，只看一遍，就能背诵，对新旧《唐书》尤其熟练。"以至于中国学者视为畏途的十三经，陈寅恪"大半能背诵,且每字必求正解"。

从陈寅恪二十岁起,即1909年自费留学起,他先后到德国柏林大学、瑞士苏黎世大学、法国巴黎高等政治学校就读。他读书不是为了学位,他的读书类似于古代的游学。第一次世界大战爆发,陈寅恪于1914年回国。四年后,他又得到江西官费的资助,再度出国游学,先在美国哈佛大学学梵文和巴利文。1921年,又转往德国柏林大学攻读东方古文字学,学习中亚古文字,学习蒙古语。在留学期间,他勤奋学习、积累各方面的知识,而且具备了阅读梵、巴利、波斯、突厥、西夏、英、法、德八种文字的能力,尤以梵文和巴利文为精。

在我们今天读到的陈寅恪的事迹里,最令人感慨的不是他的文章学问,不是他的见识,而是他游学十几年,从未想过拿文凭、学位,他以学习知识为主。陈寅恪说:"考博士并不难,但两三年内被一个具体专题束缚住,就没有时间学其他知识了。"他辗转游学13年,从德国到瑞士,后又去法国、美国,最后再回到德国。他学物理、数学,也读《资本论》。据统计,13年里,他总共学习了梵文、印地文、希伯来文等数十种语言。

可以说,陈寅恪懂得读书,珍惜读书,他读书不仅是出于爱好,不仅是为了自己读书,而且是为了中国。所以他读书的状态远比一般人要开阔,他的读书境界甚至日常生活也影响了别人。比如他一到哈佛，就主张大购、多购、全购书籍，以为归国治学做准备，这一想法影响到吴宓，使吴宓不惜血本地购买《剑桥近世史》《莎士比亚全集》等大书。这些个人图书，当然最终回报中国社会。陈寅恪节衣缩食买来的藏书就有一段故事：20世纪40年代末，陈寅恪经济困难，胡适为帮他度过寒冷的冬天，跟他商定，将他所有关于佛教和中亚古代语言方面极为珍贵的西文书籍，如《圣彼得堡梵德大词典》《巴利文大藏经》、蒙古文《蒙古图志》《突厥文字典》等"最好的东方语言学书籍"，全数卖与北京大学东方语言学系，以买煤取暖。据说，这笔钱除买煤外，还贴补了其他家用。

陈寅恪的游学精神不仅影响到吴宓，也曾让傅斯年等人大开眼界，因为他的学生生活非常艰苦，却对学习丝毫不松懈。傅斯年到欧洲接触了中国留学生后，感慨说，大部分留学生都是不学，但陈寅恪却是难得的读书种子。留学生们的庸俗恶习，让身临其境的杨步伟女士感慨，只有嗜书如命、自律甚严的"陈寅恪和傅斯年两个人是宁国府大门口的一对石狮子，是最干净的"。

可见，游学之际以及游学归来的陈寅恪并非我们今天所说的"民科"学人，只知在细节上显示自己的聪明才智，只知跟主流学界保持距离，只知"语不惊人死不休"地显示自己的独一无二或横空出世，而是以自己的学养、学术训练赢得了大家的信任。曾经有人说，他到晚年总算把东西方的大经大典都读完了，而陈寅恪却是在游学时代就读完了大经大典。也有人说，在走上社会之前要把该读的书读完，但事实上，除了少数人外，绝大多数人急功近利，书未读完就入世做事或干禄致用，过了一阵才发现自己书没读够、读完。这些人读书最为势利，而且多半一惊一乍，在官场做了一场就把《沉思录》《容斋随笔》一类的书当宝，在商场做了一阵就大肆宣扬佛经、《圣经》《论语》《道德经》，等而下之的则把自己的话当作了语录。

比较起来，陈寅恪的读书游学虽然是最普通不过的人生"必由之路"，至今却仍是我们中国人的高标和典范。陈寅恪可以说是直取无上正法，取得了学术界梦寐以求的学问境界、人生成果。因此，即使他当时没有发表多少论文，但中外学术界都承认他的力量。他上课时，清华的教授们也常来听课。有人称他为"活字典"，郑天挺教授称他是"教授的教授"。

这个当时中国甚至世界上都罕见的学者，却一直过着极艰苦的生活。在亲人的回忆中，他游学时不比其他的官二代、富二代留学生。他虽然是世家子弟，却一直省吃俭用，经常营养不良，影响到他的健康。有一次，赵元任、杨步伟夫妇从美国到德国，陈寅恪和表弟俞大维两个穷学生招待他们看歌剧，将客人送到戏院门口后就要离去。赵元任夫妇感到奇怪，陈寅恪说："我们两个人只有这点钱，不够再买自己的戏票了。若也陪你们看戏，就得吃好几天干面包。"而吃两个干面包当作一餐，对陈寅恪来说，几乎是家常便饭。

陈寅恪的读书游学当时即被人视为怪诞，当作传奇。冯友兰留学美国哥伦比亚大学时，就听到同学中传言，哈佛大学有一"奇人陈寅恪"："性情孤僻，很少社交，所选功课大都是冷门。"洪业留学时，则看到陈寅恪"怪模怪样"："大声朗诵中国诗词，旁若无人……"但陈寅恪却是清楚自己为何读书的人，如很多人指出的，陈寅恪有着深重的"中国文化本位意识"，他的读书生活都是为了"中国文化"。因此，他读书既不是为了升官发财，也不是为了进入名利场或文化界一类的"小世界"。就是说，他是中国的读书种子。1924年，赵元任曾希望陈寅恪到美国哈佛大学教书，陈寅恪婉言辞谢："我不想再到哈佛，我对美国留恋的只是波士顿中国饭馆醉香楼的龙虾。"两年后的1926年，陈寅恪结束了长达十几年的游学生涯，跟几位单身教师住在清华园的工字厅，开始了他效命于中国文化的教学、研究、入世等生活。

以我们今天的眼光来看陈寅恪，无论如何，他都可以不用过那种清苦寡淡的生活。不说他的家庭、人脉资源，就以他自己在游学中建立起的学术资源，他都可以迅速地进入

"民国教授"们的精英生活之列，衣食无忧，优哉游哉。就是说，在今天刚毕业的大学生都将生活目标锁定为改变蜗居命运的年纪，在当时上海十里洋场（或者说20世纪30年代中国发展"黄金十年"）涌现无数"官产学"成功人士的社会，陈寅恪始终走的是另外一条路。

陈寅恪的女儿陈流求、陈小彭、陈美延在《也同欢乐也同愁——忆父亲陈寅恪母亲唐篔》一书中写道："父亲在国外，即使是经济窘迫的情况下，仍然潜心攻读，醉心研究学问。在德国时，除听课外，常整日在图书馆阅读，仅带一点最便宜的面包充饥，全天不进正餐，营养不足……故而一直体质欠佳。已过而立之年尚无意顾及自己的终身大事。"

回国两年后的陈寅恪终于结婚，三十九岁的他娶了清末台湾巡抚唐景崧的孙女唐篔女士，夫妻二人郎才女貌，在清华园里过起了幸福的日子。这确实是一段幸福温暖的时光，《也同欢乐也同愁——忆父亲陈寅恪母亲唐篔》一书中说，"抗战前家居生活"是陈寅恪夫妇坎坷、悲怆一生中最温暖的乐章。女儿们回忆说："父亲去课堂授课，不提皮箧或书包，总用双层布缝制的包袱皮包裹着书本，大多是线装书。……工作归来，通常仍会伏案至深夜。"而这个夜以继日的学者终于有了轻松的时光，"父亲空闲的时候，会选择一些唐诗教我们背诵，流求和小彭现在都能清晰背出好多句子……"

但陈寅恪没有忘记家国天下。台湾古称"流求",他的家族和唐篔的家族都跟甲午战争以来的国是有着极深的关系,陈寅恪把大女儿取名陈流求,把二女儿取名陈小彭,即记取被日本侵占的台湾、澎湖……

陈寅恪确实是问道不问贫,不积累,不聚财,不求所谓的社会成功……他的女儿回忆说:"一天家里做好了晚餐,掌灯已久还不见父亲回来,便出去寻找,才发现他在离家不远的小道上,跟吴宓伯父聊得格外投机,忘记了时间,后来这种事情还常有发生。"

1939年,英国牛津大学聘请陈先生为牛津大学汉学教授,这是牛津大学创办以来首次聘请一位中国学者为专职教授,并于此后数年一直虚席以待。他们认为,陈是当时"最优秀的中国学者"。但陈寅恪不为所动,而是留在国内尽一个中国学者的本分。面对这一极具荣誉感的礼聘,陈曾两度辞谢,后考虑到自己眼疾甚重,欲借此机会赴英医治,才答应就聘。不料欧洲战火突起,终未成行。

说陈寅恪只过了几年的安顿日子,是因为他中年阶段的家庭幸福确实短暂。国家的命运、时代社会的命运很快影响到他,抗战开始,中国高校南迁,师生流离失所,颠沛造次。对陈寅恪而言,他甘愿甚至专心致志地接受这种命运,做了"中国文化的托命人",而非在时代的大潮中尽力保护甚至扩张自己的或亲友的利益。在当时,发国难财者有之,逃离中国者有之，投机者有之。但陈寅恪没有这样趋时而生，而是执着于学术、中国和文明命运，他造次于是，颠沛于是，以至于读书读得视网膜脱落、眼睛失明。

他的女儿回忆说："父亲工作的时候汗流浃背，在一个茅草房里，风雨一来，把房子都能刮塌，也没有桌子，就是一个箱子，搬一个小凳写文章。""他写完，需要休息，就带我出去散步，我那时候很小，就穿个木板鞋，在山上跑，满山的映山红啊……父亲只能在休息的间隙，感受到一种远离战乱的欢愉。""父亲用眼过度，视力日益减退。母亲很着急，希望在力所能及的条件下，为父亲增加营养。于是托人买来一只怀胎的山羊，母羊生了小羊之后，母亲学着挤奶，给父亲饮用……"

陈寅恪的穷苦不仅困扰了他自己，也给亲人带来了刻骨铭心的苦难记忆。陈寅恪平日食量极少，主食只吃一两片面包，副食只吃一两片瘦肉。病了后，食量更是大减，靠打针和服维生素B来补充营养。当时打一针的费用昂贵，维生素B价格亦不菲，而且不容易购得。夫人唐筼为买药，四处奔波，实在是煞费苦心，尽力支撑。

在香港时，由于陈懂日文，日军对他还算客气。后来日军军部行文香港占领军司令，司令派宪兵队照顾陈家，送去好多袋面粉，但宪兵往屋里搬，陈寅恪、唐筼硬是往外拖，就是不吃敌人的面粉。日方甚至用官职以及金钱利诱，但陈寅恪宠辱不惊，拒不接受，虽然生活艰难，宁可以典当衣物过活。友人的日记曾记载说："刘、孙二人昨携米十六斤、罐头肉类七罐予陈寅恪，今日回来报告陈近况，据谓他已挨饥两三天了，闻此为之黯然。"抗战期间，陈只身赴西南联大任教，妻子、女儿在香港自寻生路，更为凄惨。以至于陈寅恪的三个女儿写的回忆父母的感人著作，就用了"也同欢乐也同愁"作为书名。

这种穷困伴随了陈寅恪一生，他的身体之差多是营养不良造成的。有一次邓广铭去看陈寅恪，陈躺在床上呻吟，说："我快要死了，我这个身体快不行了，我坚持不住了。"但是他又说："我不写完这书稿，我不死。"陈的弟子蒋天枢与蓝孟博听到老师陈寅恪的消息后，约同往谒。蓝氏买了三罐奶粉。陈寅恪和夫人都还在病中，虽然稍有好转，只是能在床上倚靠着被子坐起来。陈寅恪看到奶粉说："我就是缺乏这个，才会病成这样。"……这样的例子举不胜举，让人心酸的事例太多了，为了买煤，陈不得不在胡适等人的关心下，卖了自己的藏书换钱；而到了除夕，让女儿美延"吃了一顿白米饭"，陈寅恪欣慰的笑颜似乎尤其悲怆……

这种人生，在当时以及今天的成功人士眼里，是多么不值得理睬、关注，多少文人学士避之唯恐不及，是多么普通、可怜甚至迂腐，是多么格格不入或有如胡适说的"遗少"气。但陈寅恪从来没有考虑这些成功人士的心理，他没有为成功人士或所谓的"成功"而活。因此，今天谈论陈寅恪，最值得谈论的不是陈寅恪的记忆力、学识和传奇，而是他在一个"成功"环伺的环境中坚持了道理的可能性，从而大道学问成了他的肉身形式，他也成了当时世界范围内的学问大道的人格象征。因此，我们不难理解他的悲情力量穿透了悠远的时空，他平凡的人生给我们以及后代的人们一种似乎不可企及的传奇高标。换句话说，他在自己身上克服了东西方的分别，克服了时代试图强加的烙印。

这种人格的悲情几乎是绝世的大道。这种悲情，使得清华校长梅贻琦、系主任雷海宗劝他休息，暂时不要开课时，他拒绝说："我是教书匠，不教书怎么能叫教书匠呢？我要开课，至于个人研究，那是次要的事。我每个月薪水不少，怎么能光拿钱不干活呢？"这种悲情，使得他声明说："我要请的人，要带的徒弟都要有自由思想、独立精神。不是这样，即不是我的学生。"这种悲情，使得他回复中国科学院时，要求毛泽东等人能给他一份远离政治的证明书。这种悲情，使得他的魅力不为时间所能占有或放弃，以至于知道他失明的情况后，当时的中南地方长官陶铸嘱咐在他门前为他修建一条白色水泥路，以方便他在工作之余散步。这条路，就是今天中山大学里著名的"陈寅恪小道"……

多年前我曾在中山大学逗留两日，在雨中打听到"陈寅恪小道"，去见识了那条路，心有所感，曾口占一首四行小诗《在中山大学校园听雨》：

通往陈教授故居的小路
一道浅白的海沟

无家可归的孩子们
在知识的流水线上作业

陈寅恪的眼睛在抗战期间失明，但他的教学和研究生涯却没有终止。在近三十年的黑暗岁月里，他的创造性人生不曾中断，他的创造性作品层出不穷。

对这位学术奇人、同人的敬意、爱护和利用，清华大学、北京大学的主事者们也创造了学术史上的杰作。陈寅恪的女儿们回忆说："重返清华园，父亲已是一名盲人教授，11月又开始授课，讲堂设在家中最西边的狭长大房间内，校方搬来一块较大的木制黑板及若干张课桌椅，父亲坐在黑板旁一张藤椅上讲授。开课前，原'助理教学工作……所聘徐高阮君'，因故未能按时到任，父亲写信给北京大学历史系主任郑天挺教授，请求支持，'暂请北京大学研究助教王永兴君代理……至徐君就职时止'。不久，郑天挺主任又派北大教师汪篯君来帮助工作，清华再派陈庆华君来任助手。三位助手分工大致为：王先生主要负责授课有关工作，汪先生重点在研究方面，陈先生则管涉及外语部分。早上王先生先到，离去后，陈先生来工作，由于工作结束已过食堂开饭时间，所以须在我家午膳后才回去。而汪先生的工作时间只能排在下午和傍晚了，下午汪先生常陪父亲散步，边散步边讨论业务，工作、散步两不误。由于王、汪二位均非清华教员，不能在清华参加分配住房，后来学校替王先生租赁了离我家较近的校外居所，便于早上赶到（那时由城内到西郊清华的交通极不方便）；汪先生则住我家教室黑板后面、用布帘隔开的小间里。父亲仍继续担任燕京大学研究生刘适的导师，刘先生隔两天下午来一次。另外，父亲还指导清华大学研究生王忠及1947年考入清华的研究生艾天秩。父亲仍如既往，要了解世界学术动态，除陈庆华先生要读西文杂志外，周一良教授也有时来家叙谈并译读日文杂志、论文。"

国民政府时代的清华和北大为陈寅恪特事特办，以传承飘零的文化花果，而能够"薪尽火传"。用现在的话说，失明的陈寅恪的讲课场景是一道"独特的风景线"。

而就在这样的黑暗中，陈寅恪完成了《柳如是别传》《元白诗笺证稿》《论再生缘》等巨著。这样的著作，在今天早已不是纯粹的史学论著、人物传记，而是哲学，是历史，又是文学。这种成就，大概只有另一个失明巨人、南美的博尔赫斯可以与之相比。在这样的黑暗中，陈寅恪写下了晚年极富诠释价值的诗篇，至今仍为学者争论不休。在这样的黑暗中，陈寅恪写下了《对科学院的答复》《赠蒋秉南序》等传世文章，这些文章跟他早年的《王观堂先生挽词并序》《冯友兰〈中国哲学史〉上册审查报告》等文章一样不朽。

这些文章有着一个中国学人的心迹，即使在黑暗中也有着烛照人心的光芒。2003年，陈寅恪夫妇合葬于庐山植物园内，墓碑上刻着这几个字："独立之精神，自由之思想。"

梁漱溟

1893—1988

唯有志没法夺掉

任何一个时代都有流行，人们多爱迁就流行而疏忽那些特异之人物。即使特异者被当作一时的装饰，用过也就弃置一边，大多数人仍从众从时。对20世纪来说，流行尤其无远弗届。即使对那些极富有教育意义的特异者，我们可以把他们当作一时的话题，却不能从他们那里获得真正的营养，并用来完善我们自身。

梁漱溟先生就是这样的一个特立独行之人。他一生立功、立言、立德，身教言教无数，今天在不少人印象中只是一个象征性人物，学者学子把他当谈资，却少有将其作为研究的对象，当作知识、思想、人格的源泉……因为梁先生太独特了，他不依附任何势力，他不趋新媚时，他没有留过学，没有上过大学，他既不属于现代也不属于传统，他不崇拜西方也不崇拜东方……这是一个直道而行的狂狷之士，是一个以思考为志业的思想家，是一个重视行动的仁者，是一个相信轮回的觉者。在我们中国人利用一切思想资源来呼唤"精神独立、思想自由"，来追求个性时，梁先生已经实践了一个世纪中国人的梦想。但遗憾的是，我们仍绕过了梁先生。这不是梁先生的悲剧，而是我们浮躁社会的悲剧。

梁先生的一生是一部传奇。他只读过中学，却被蔡元培请到全国最高学府之一的北京大学教印度哲学；他在北京城出生成长，却一度举意过农家生活，并长期从事乡村建设；他一生致力于研究中国传统文化，却也不排斥印度文化和西方文化。他一生不断追求的两个问题：一是人生问题，即人为什么活着；二是中国问题，即中国向何处去。他的名言无数："一、在人格上不轻于怀疑人家；二、在识见上不过于相信自己。""我要连喊一百声'取消特务'，我们要看看国民党特务能不能把要求民主的人都杀完！我在这里等着他！""一觉醒来，和平已经死了！"……

梁漱溟跟毛泽东同年，他的一生也跟毛泽东结缘。冯友兰在他去世后写的挽联说："钩玄决疑，百年尽瘁，以发扬儒学为己任；廷争面折，一代直声，为同情农夫而执言。"上联即述其德业，下联则涉及其跟毛泽东的缘分。

1918年，两人在北大教授杨昌济先生的家里初识，当时的梁漱溟已是名人，是北大哲学门讲师，毛泽东则在北大当图书管理员。二十年后，梁漱溟到延安跟毛泽东谈中国的出路，半个月中毛泽东与他长谈八次，有两次是通宵达旦。梁漱溟回忆说："彼此交谈都很有兴趣。"毛泽东后来则称，"我同梁漱溟比较熟"。

新中国成立后，在毛泽东的邀请下，梁漱溟从重庆来到北京。毛泽东多次请他到自己家里做客，还专门派车接他，招待他吃饭。由于梁漱溟吃素，毛泽东大声嘱咐："我们也统统吃素,因为今天是统一战线嘛!"毛泽东邀请梁漱溟到政府里担任职位,梁拒绝后,毛泽东仍照顾他的工作和生活。

1953年9月,在全国政协常委扩大会议的小组讨论会上,梁漱溟指出:"我们的建国运动如果忽略或遗漏了中国人民的大多数——农民,那是不相宜的。"这一被称为"工人生活在九天,农民生活在九地"、要求行"仁政"的发言,引起了毛泽东的不满。

自此梁漱溟深居简出。"文化大革命"中,他受到冲击,被抄家,被打耳光,但他承受下来了。1972年12月26日毛泽东生日,梁漱溟把尚未出版的《中国——理性之国》手抄书稿送到中南海作为贺毛泽东生日的寿礼。他就事论事,"文化大革命"尚未结束,梁漱溟在政协会议上说,"文化大革命"搞糟了,"文化大革命"的祸因是治国不靠法治而靠人治。

20世纪80年代,不少人希望听到梁漱溟对毛泽东的评价,九十二岁高龄的梁漱溟说:"当时是我的态度不好,讲话不分场合,使他(指毛泽东)很为难,我更不应该伤了他的感情,这是我的不对。……他已故世了,我感到深深的寂寞……"这是一个世纪长者的直言。如果真正的知识来自人生社会的总结,真正的见地来自历史发展的至痛经验,而非一时的感情、好恶以及书本上的学理或名相,那么对毛泽东这样的历史人物,梁先生的态度可能仍值得我们尊重,甚至是我们思考的基础或起点。

考察梁先生的一生，他的贡献是多方面的。如果走近梁先生，我们也许能够理解，梁先生最大的贡献在于他给我们示范了一种中国人格，这种人格在曾经忽略求知的时代氛围中极为稀有。社会总是轻视人的思想、人的个性，我们自身也往往会背叛曾有过的多思多情、自尊自强，转而依附，媚雅媚俗，随大流，与时迁移。梁先生却一以贯之地坚持了自己的思考人生，在时代变迁中直道而行。

梁漱溟在北京长大，受家人宠爱，到六岁时还不会穿裤子。他上了四所小学，学的都是初浅的知识。但他一旦开智启蒙，就开始了自我求知之路。

十四岁时，梁漱溟开始思考人生苦乐问题。他觉得自己的家境尚好，受父母疼爱，却常常苦闷不乐；而家中的女工，天天做饭、洗衣、干杂活，辛苦得很，却脸上常有笑容，并不觉苦。这种思考与佛学合拍，因此梁漱溟拼命看佛书，在佛学的殿堂里登堂入室。十七岁时，梁拒绝父母为其订婚，十九岁开始茹素，三十岁前一直想出家。

在中学期间，梁漱溟崇拜年级低于自己的郭人麟："其思想高于我，其精神足以笼罩我。"梁尊称其为"郭师"，课余常去讨教，并将他的谈话整理成册，冠名"郭师语录"，被人讽为"梁贤人、郭圣人"。但梁漱溟珍惜这一经历,他曾说:"我一向狭隘的功利见解为之打破,对哲学始知尊重。"梁崇拜的另一个人是同学甄元熙,甄鼓励他剪辫子,介绍他加入京津同盟会。

梁先生的这些异乎寻常的举动在外人看来荒诞不经,这一类的举动也几乎伴随了他一生。1942年年初,梁漱溟在日军的炮火下逃生之后给儿子写信说道:"我不能死。我若死,天地将为之变色,历史将为之改辙。"这些言论,也曾遭到了包括熊十力在内的许多人的讥评。但考察梁先生行迹,我们可以肯定,他的这种言论绝非出于狂妄,也非出于自恋,而是人格的自我期许,是对自我精进的要求。

因此,我们能够理解梁漱溟的非常言论背后自有达观的牢固基石。他信奉孔子的"仁者不忧",因此他"乐天知命"。抗战期间,袁鸿寿先生在桂林七星岩请他吃饭,饭后在树下聊天,恰敌机在天上扔炸弹。袁鸿寿大惊失色,要躲一躲,"而梁漱溟则镇定自若,聊天如常"。1976年唐山大地震时,北京人到户外防震棚里避难,梁漱溟却安居不动。在居委会、家属的再三劝告下,最后才有几个晚上到寓所后门的草地上露宿。

因此,我们能够理解在新文化运动和五四运动之后,西方文化影响并支配中国上层知识精英之际,梁漱溟为何仍能够坚持自己的思考,并为中国社会提供有意义的知识产品。他在新文化运动后期发表的重要著作《东西文化及其哲学》，以极大的勇气批评新文化运动"向西走"的不对，宣称他就是要"向东走"。在东西文化观上，他把人类文化划分为西洋、印度和中国三种类型，各有所长。他不是打倒孔家店，或把中国经典悬搁起来，而是把孔子、孟子和王阳明的儒家思想，以及佛教哲学和西方柏格森的"生命哲学"糅合在一起。就是说，他没有把人类文化的经典选择性利用，而是把它们都作为自己思考的基础。遗憾的是，直到今天，我们有一些人要么欠缺西方知识，要么排斥中国经典，要么对佛教文化想当然，甚至不少人以为只有科学或西方学科教授的，才称得上知识，其他不过是"野狐禅"、无用之物。

在国共激烈冲突之际，梁漱溟发表了《中国文化要义》。基于对中国社会实际的观察与研究，他提出中国社会的基本特征是"伦理本位，职业分途"，缺乏阶级的分野，以此否定阶级斗争理论，张扬自己多年来进行的乡村建设才是中国的唯一出路。这也同时代流行的阶级斗争思潮和运动背道而驰。

他孤标独步。因此，当1953年的那次大会，他出于善意为中共建言，说现在的工人和农民是九天九地，过去农民和共产党是亲如一家人……引起了毛泽东的批判。他丝毫没有气馁，他仍自尊自重。两年后的1955年7月，梁漱溟开始写《人心与人生》自序。他的儿子梁培恕回忆，这年初夏，父子两人逛北海公园，梁漱溟说起他即将动手写的《人心与人生》："这本书不写出来，我的心不死！"

1973年年底，中共"批林批孔"。在政协学习会上，人人要"表态"，梁一直沉默不语。1974年2月，梁做了《今天我们应当如何评价孔子》的长篇即席讲演。在众人追问他对"批林"的态度时，他说"我的态度是不批孔，但批林"，从而引起对他的大规模批判。1974年9月23日，对梁历时半年的批判会告一段落时，主持人询问梁对大家批判他的感想，梁脱口而出："三军可夺帅也，匹夫不可夺志。"主持人勒令梁作解释，梁说："'匹夫'就是独人一个，无权无势。他的最后一着只是坚信他自己的'志'。什么都可以夺掉他，但这个'志'没法夺掉，就是把他这个人消灭掉，也无法夺掉！"

梁是一个特立独行之人，他因独特被一般人目为"怪人"，被视为迂阔、率直、狂妄、不通世故，但他并非不近人情。相反，他是一个极富同情心、胸怀极为宽广的人。他是一个从不遮蔽自己天良的人，不是为了活给别人看的作秀者。他终生不坐人力车，因为年轻时碰见一个老人拉着人力车，内心感到痛楚难忍。他信佛，从青年到老一直吃素，但他没有礼佛行动，从来没有去寺庙烧香拜佛，他是在自我修养上下功夫。

20世纪20年代在北平，梁漱溟讲演《人心与人生》，要听众付费，听者每人一元。这个主意是梁漱溟自己想的："是真想让人来听，或因花过钱而注意听，否则不免有人随便入座并不真有兴趣听。"但他又主动关心那些没钱的学生，后来成为哲学家的唐君毅，因故没听，就收到梁漱溟托别人带给他的五元钱。

梁漱溟好布施，他自己花销少，却经常接济有困难的人。他的方式很独特，送的钱不要还，但借他的钱必须还。一位友人忘记还钱，他竟前去索债。他的观点是："可以与，可以无与，与伤惠。"梁提醒已摆脱困境者还借款，目的是给另一些仍在困苦中的友人雪中送炭。他跟萨空了合作办报，给萨空了定的薪水比自己高，因为萨有家室之累，而自己的薪水虽低，却仍从中拿一部分资助萨空了。

梁漱溟从父亲梁济那里受到了良好的熏陶，自杀的梁济那种"道德理想和卓立精神"让他十分推崇，他对自己的两个儿子的教育也同样可圈可点。像父亲一样，梁漱溟也很注意培养儿子们的个性。他对长子培宽有"多年父子如兄弟"之谊。梁培宽回忆说："父亲对我完全是宽放的……我在父亲面前，完全不感到一种精神上的压迫。他从未以端凝严肃的神气对儿童或少年人……先父认为好的，便明示或暗示鼓励；他不同意的，让我晓得他不同意而止，却从不干涉。"一次梁培宽考试得59分，曾拿学校要求补考的通知给父亲看。"他只看了一眼，就又还给了我。"梁漱溟长年为社会奔走，居无定所，无暇顾及家庭，两个儿子寄居亲戚家，他就要求长子培宽多带带弟弟培恕，让培宽"研究恕之受伤或受病在何处，当如何药之"。

梁漱溟的家信是温厚的，他关怀、培养两个儿子的人品与学业。"两人之自传均阅看。宽所作虽不甚好，尚清爽简洁，但开头一句无主词，在文法上是不行底（的），或漏去一'我'字邪（耶）。恕所作太简短，总是因为他对所作之事无兴趣之故，勉强他多写怕亦不行。"

梁漱溟的宽放教育贯穿始终，他的教育显然是成功的。1944年梁漱溟再婚时，培恕不愿意接受后母，抄一首写孀妇的诗"故人恩既重，不忍复双飞"给父亲看。梁漱溟看后点点头，就算父子交换意见了。梁漱溟谆谆告诫子女"不要贪"，"不仅贪图的事不应做，贪图的念头也不要起"。他把"不谋衣食，不顾家室，不因家事而拖累奔赴的大事"当作家训，这在两个儿子的身上得到了传承。培宽、培恕一生不喜出头露面，为人低调，不趋时媚时。因此，他的两个儿子在历次运动中没有遭受太多的磨难。

在梁先生晚年，苦于络绎不绝的访客，为健康计他不得不亲自书写"敬告来访宾客"的字条，上写："漱溟今年九十有二，精力就衰，谈话请以一个半小时为限，如有未尽之意，可以改日续谈，敬此陈情，唯希见谅，幸甚。"有心人看出，那"一个半小时"的"半"字，是后来加上去的。

所谓"仁义之人,其言蔼如也"。赵朴初则说:"望之俨然,即之也温。"

梁先生也不是一个不能行动的书生。他表里如一且能力行。十九岁时,他开始素食,一生没有中断。三十七岁时,他到河南辉县参与筹办村治学院。三十九岁时,他到山东邹平筹办山东乡村建设研究院。四十八岁时,他在四川璧山来凤驿创办勉仁中学。五十七岁时,即 1949 年夏秋间,他晋谒贡嘎上师,领取无上大手印,接受灌顶。自 8 月初至 9 月初,与罗庸、谢无量等在北碚缙云山上修习藏密功法。六十四岁时的 8 月间,居京西八大处习静。

他的乡村建设跟陶行知、晏阳初等人的实践一道闻名世界,是当时中国人超越政党而救国的卓越努力。他的乡村建设思想是构思宏大的社会改造试验,尝试将西方现代化的优点与中国文化的优点融合起来,为此进行了积极而可贵的探索。其中最重要的,一是农民自觉,二是乡村组织。农民自觉是思想上、教育上的事情,农民必须自己代表自己,有自我管理的意识。而乡村组织,则是形式上、制度上的建设。这种力行,使得梁漱溟对一般人以为不可接触的军阀都有同情之论。他很早就认识了冯玉祥的部将韩复榘,韩后来被蒋介石拉拢,先后担任过河南省、山东省政府主席,恰好梁漱溟在此两地搞乡村建设试验。韩复榘为他的乡村建设试验提供了诸多方便。梁漱溟谈对韩的印象时称他读过孔孟的书,并非完全是一介武夫。由此可见,梁先生的行动能力非同一般。

在国共争夺政权时,梁漱溟为国是奔走,一度担任民盟的秘书长,参与国共和谈。他的行迹为美国人马歇尔和司徒雷登了解,他们尊其为"中国的甘地"。

这是一个完全了解自己的人,用我们今天的话来说,他知道自己的人生使命。梁漱溟耗时最长的志业,在于沟通中西文化。"'为往圣继绝学,为来世开太平',这正是我一生的使命。"

在别人那里,东方和西方、社会和个人、内心和外界是纠结的,梁漱溟却是统一的。当陈独秀、胡适把梁漱溟视为文化保守主义,划入新文化运动的对立面,梁漱溟在《答胡评〈东西文化及其哲学〉》中公开说:"照这样说来,然则我是他们的障碍物了!我是障碍他们思想革新运动的了!这我如何当得起?这岂是我愿意的?这令我很难过。……我总觉得你们所作的都对,都是好极的,你们在前努力,我来吆喝助声鼓励你们!"

梁漱溟常对别人说:"你看我最闲的时候,其实是我最忙的时候。你看着我坐在那里似乎什么事情也没有做,其实我的思想已经跑得很远很远了。"思考是大事,德行是大事,行动也是大事。在《这个世界会好吗?——梁漱溟晚年口述》中，艾恺问梁漱溟："您以为您生活中最重要的大事是什么？"梁漱溟回答道："大事一个就是为社会奔走，做社会运动。乡村建设是一种社会运动，这种社会运动起了相当的影响。"

先生也明认自己的轮回："人有今生、前生、来生，我前生是一个和尚。"

因此，在一个世纪以来反复无常的中国社会里，梁漱溟先生是少有的能给我们中国社会以安慰和信任的人。学者林毓生认为，梁漱溟与鲁迅是20世纪中国最有创造力的思想家。梁漱溟在反传统的浪潮中挺身而出，倡言中国文化经过调整还能继续存在并复兴，他相信中国本身拥有走向现代化的力量。是梁漱溟，而不是别的什么人，更足以与鲁迅构成表面对立，其实互补的两极。他们一位是传统文化的伟大批判者，一位是传统文化的伟大发扬者。梁漱溟说："我愿终身为华夏民族社会尽力，并愿使自己成为社会所永久信赖的一个人。"他做到了自己所说的。

1988年6月23日，梁漱溟去世，享年九十六岁。他弥留之际说的最后一句话是："我太疲倦了，我要休息！"哲学家张岱年由此想到："大哉死乎！君子息焉。"

费孝通

1910—2005

追求一个人生的着落

费孝通先生是我们时代少有的可见闻的一个历史人物，作为"10后"，他曾经跟我们"60后""70后"甚至"90后""00后"共时，这是我们数代人的幸事。正是因为共时，费先生才会观察并思考代际的差异。而这种观察，几乎集中在一代又一代人的心性方面，即志向。费先生晚年就多次说"志"。

在纪念老师曾昭抡等人的时候，费先生特别提到他们的生活方式和给人的印象："曾先生连家都不要的。他回到他家里，家里的保姆不知道他是主人，把他当客人招待。见曾先生到晚上还不走，保姆很奇怪，闹不明白这个客人怎么回事。"费先生有同情的理解："他的生活里边有个东西，比其他东西都重要。""对曾昭抡先生这一代人，包括闻一多先生，他们一生中什么东西最重要，他们心里很清楚，我们理解起来就有些困难。"费先生说，这个东西可以用"志"来表达，"匹夫不可夺志"的"志"。这个"志"，在他的上一辈人心里很清楚。他们要追求一个东西，一个人生的着落。

费先生有些遗憾：现在，我们同下一代人交往，看不出他们中的一些人"志"在哪里。费先生说，志就是一生不可移动的目标，三军可夺帅，匹夫不可夺志。没有"志"，文化就没有底。"志"是知识分子关键的东西。费先生说的志，就是士心，就是孔子、孟子等人一再关注的大问题。孔子跟弟子们闲坐的时候，就曾要弟子们畅所欲言地"各言其志"。孟子更把志的有无跟社会现象结合起来："无恒产而有恒心者，惟士为能。若民，则无恒产，因无恒心。苟无恒心，放辟邪侈，无不为已。"

费先生也多次言其志向，一个八九十岁高龄的老人，他希望自己能从领导职位上退下来，"告老还乡"，他希望自己能够过上读书人梦想的生活，"没有了行政事务，可以专门写东西。能写几年就写几年。"但他说得最多的志向是"志在富民"，即使退下来写东西也仍跟社会的发展相关，"一是写学术上的回顾，二是写家乡的事——长江三角洲的发展和太湖的开发利用。"

我们知道，现代知识的分工使得社会经济的决策一般成为官家或专家之事，人文社科知识分子对经济运行、大众生计、区域建设等多作壁上观。知识人对民众的关怀更表现在启蒙上，表现在社会关怀或民权上。但知识人的良知、维权、呐喊、启蒙常常陷入一个怪圈，即不仅知识人与社会、民众脱节，知识人自身的蒙昧和有待救济问题也是极为突出的。这一启蒙、社会介入在某种意义上是中国史上的一大问题，一方面中国文化讲时位，"不在其位，不谋其政"，"肉食者谋之，又何间焉"；另一方面中国文化又讲匹夫之义，

"天下兴亡，匹夫有责"。进入现代社会，关于启蒙的话题也有若干纠结，谁需要启蒙？谁来启蒙？启蒙者不需要启蒙吗？等等。

在几代知识人陷入启蒙的多重难堪之际，费先生善用了他的身份地位，走上另外一条知识服务于现实的道路。他有条件在全国各地调研，将民众、企业家和地方官员的发展需要纳入他的观察思考中。可以说，费先生晚年走上了一条跟早年有所不同的人生道路，他的晚年有知识人的变法突围之愿心。

在费孝通先生的晚年调研里几乎有我们当代社会发展的缩影。费先生自己也承认，他对改革以来的社会发展有过贡献，他的"小城镇、大问题"一类的思考在改革之初即引起中共领导人的关注，由其引发的政策带来了中国城镇市场的繁荣。在当代，大概没有第二个知识人的关怀有如此丰富的社会材料，如此接地气，如此与时代社会的发展相通。

二三十年来，我们还没有哪一个知识人像费先生那样对中国的自然资源和商品资源有如此深广的关怀：钢材、陶瓷、水泥、丝绸、牛、甲鱼、鹦鹉、沙子、红果、泡桐树、面粉、玻璃钢、皮革加工、鸡蛋、兔子、鳗鱼、土豆、"玩泥蛋"（烧砖）、"玩面蛋"（面粉加工）、米花糖、螃蟹、葡萄、柳条、蒲草、农机修理、香草（广西香草）、西红柿果汁、花卉、大棚蔬菜、暖气片、茶饮料、味精、香菇、豆腐、猕猴桃……费先生跟企业家谈果汁,跟官员谈豆腐,跟领导人谈交通,跟知识人谈社会。

费说自己对国学的知识无"童子功",他是后来自觉地补课去了解了孔子们的。他的志向其实跟孔子们的心路相同,或者说他一生无意中走通的路乃是孔子们的道路。李慎之曾言及知识界有"费孝通模式"一说,即费比其他知识人更懂中国,所以他不像一般知识人那样在穷达两极跳跃,得之若惊,失之若惊;即不是老子所说的"宠辱若惊",而能在穷达两极通达无碍。在这个意义上,费孝通超越了现代知识分子,他接通了孔孟之道与孙中山、现代中国知识的关联。民生是孙中山"三民主义"的重要内容,其实也是孔孟关心的重要话题。孔子明确地讲过,"足食,足兵,民信之矣"。孟子更对民生有切实具体的安排:"五亩之宅,树之以桑,五十者可以衣帛矣。鸡豚狗彘之畜,无失其时,七十者可以食肉矣。百亩之田,勿夺其时,数口之家可以无饥矣。谨庠序之教,申之以孝悌之义,颁白者不负戴于道路矣。"

我们读费先生,当知他"志在富民"的历史和现实意义。有人曾对费先生说:"钱锺书先生已经去世了,你和他同年,八十八九岁了,还在研究一百六十元钱怎么能让中国人拿到的问题。"受英美自由派思想影响的费先生如此关怀民生，在现代中国知识人中堪称异数，但这又是中国文化的伟大的传统，如朱熹所谈到的一种人格："明道先生作县，凡坐处皆书'视民如伤'四字。常曰：'颢常愧此四字。'"而朱熹年轻时第一次做官，即把"视民如伤"匾悬挂在同安县署大堂之上。

尽管费孝通把个人定位看作社会所需要——"我这篇文章怎么结尾，结束语是什么，不是我自己能决定的，而是要由整个的时代来定的，是时代定位，不是个人定位"，但他清楚而自觉，"费孝通"这篇文章，还是在文化自觉这个题目上结束。至于外人或知识人的议论，他已经不在乎了："我这一生也很不容易，到现在已经是'两岸猿声啼不住，轻舟已过万重山'的时候了。也许可以这么说了，因为毕竟不会再有很长时间了。猿声嘛让它啼不住好了，不管它了，让人家去说吧，我不在乎，这一点我做得到。"

费孝通晚年的文化自觉即形成他有名的十六字箴言："各美其美，美人之美，美美与共，天下大同。"据他说，这一思想本来源自他对少数民族服饰的观察，人们在赶集时穿上自己民族的服装，跟其他民族的服装相映生辉。这也是他"多元一体"思想的来源，多元一体"包含了各美其美和美人之美"："要能够从人家和你不同的东西中发现出美的地方，才能真心地美人之美，形成一种发自内心的、感情深处的认知和欣赏，而不是为了一个短期的目的，为了经济利益。"在费看来，世界经济的一体化提出了很多问题，其中有一个需要在意识形态上沟通、理解、协同努力的问题，即现实中的经济上休戚相关、兴衰与共了，但在文化上还是各美其美。也就是说，生态方面已经进入共同网络，心态方面还是没有形成共识，两者不协调。

如果我们理解东方、西方，我者、他者，等等，是现代世界的一大问题，我们就能理解费先生一代知识人的心志所在。亨廷顿写《文明冲突与世界秩序的重建》，就是认定西方文明和亚洲文明等一定会有冲突，但在费孝通先生看来，世界已经形成了一个地球村，容忍多样性应该是大家在互相交往当中的一条基本的共识。所以他才会提出"文化自觉"的命题。这一自觉，在孔子那里，就是"勿意、勿必、勿固、勿我"；在宋儒那里，就是"有象斯有对，对必反其为，有反斯有仇，仇必和而解"。

费先生晚年的文化自觉，一如他同代的读书种子钱锺书对自己一生的读书总结："东海西海，心理攸同；南学北学，道术未裂。"这样重大的命题未能得到知识界足够的关注。知识界的主流仍在新文化运动划定的框架周围思考，人们一说起思想资源就是"回归五四"（舒芜先生语），就是"现代性叙事"，就是"德、赛先生"（民主、科学），即使以反思著名者也只是争论"鲁迅还是胡适"，或在"德、赛先生"之外增加一个"费小姐"(法治)。近年来为社会关注的"民国热"也仍在对"民国范"进行拔高,对梁启超、陈寅恪、王国维、钱穆等学术大家进行加冕。

费先生晚年的思想贡献是知识界的一道风景,如果我们放宽眼界,可以看到,不仅费、钱(穆)晚年有超越"五四"之处,就是跟政治纠缠的梁漱溟先生、冯友兰先生也有思想的突破。梁先生对政治领袖的反思、冯友兰对"仇必仇到底"的批评,都是汉语世界极为难得的果实。遗憾的是,奉胡适为高标的知识人没能注意到当代的思考。这些"五四"和新文化运动真正的亲历者和传承者们,他们的晚年不乏热闹,然而却有思想不见于世的寂寞,但他们也同样豁达乐观,费孝通的话是"轻舟已过万重山",冯友兰则说"俯仰无愧怍,海阔天空我自飞"。

费先生的文化自觉既有社会意义上的观察,又有对他自身、自家的观察。在他对国计民生苦口婆心或语重心长的推动里,在他"行行重行行"的千里万里奔波途中,他也偶尔向世人打开一扇窗口:他和他的家庭是什么样的,他是怎么看待周围和社会的。

费孝通的父亲是最后一代秀才,曾到日本留学,后来回国办教育。在南通办实业的张謇请费父到南通教书,费、张交好,"孝"是张謇孩子们的字辈,费父就以此命名儿子,以示纪念。我们可以说,国士、状元实业家张謇以及父亲对费孝通都有很深的影响。

家人对费孝通的影响是很大的。身为革命家、五卅运动组织者的大哥,身体不好没能做成事的三哥、四哥,母亲,才华横溢的舅舅们,都对费先生的人生态度有影响。当然,还有他的姐姐——费达生。费达生几乎是他人生事业的"助产士",使他上了大学,使他有了《江村经济》这部成名作。直到晚年,费孝通仍对姐姐敬服不已,在公开场合他大声向别人介绍说:"她是我的姐姐!是她把我引上了我走了一生的这条道路!"

费孝通反省过,因为缺少国学知识,他吃了很大的亏,即讲中国文化的时候,他不容易体会到深处的真正的东西。读陈寅恪写的书,让费孝通想到了两个字:归属。文化人要找的安心立命的地方,就是在找归属。

但实际上费孝通仍跟文化传统有联系,家庭亲友的影响不用说,就是他那一手漂亮的文笔,在很多人看来是深得英美散文影响的文笔,其实有中国文化的基因在。费孝通自己透露:"我的文章是学龚定庵、魏源。文章背后有他们,别人看不出来。我的学术文章写得不如杂文好。杂文笔法就来自龚自珍。"

在知识人中,确实很少有像费先生这样跟社会联通无碍的人。他的思想,他的关键词,无论是早年的"差序格局""时势权力",还是晚年的"各美其美",都非"闭门造车"的"书斋"之作,而是从社会事实里提炼而出。

对费孝通有影响的师友更多,如吴文藻、潘光旦、马林诺夫斯基、派克、史禄国,费孝通晚年也写了大量的回忆文章,介绍老师们的人生学术,介绍老师们对自己的影响。名徒介绍名师,他的介绍是平实的、温文的、有人类情怀的。在名师们的风范影响下,费孝通一生除了志在富民外,也能志在学术,志在国家天下的认同。

因此他虽然有过"民主教授"的光荣,但他的学术关怀少有意识形态的标签和对抗,他的学生王胜泉曾回忆说:"当时,清华大学校长梅贻琦要带一些著名教授乘飞机南下,我就问费先生:'你走不走?'他说:'我不走,我要留下迎接解放。'……费孝通的态度促使我下了不去台湾的决断。我后来读到他当时给 Redfield 教授的信,他在信中说:'我认为我留在北平的决定是正确的。我相信如果西方让我们自己建设我们的国家,中国会在我有生之年赶上现代化的西方。"解放"这个词不是空洞口号,它具有具体含义。'"

费孝通虽然在潘光旦、曾昭抡、闻一多面前自谦,但他的"志"与师长辈相比不遑多让。他虽然一生多有幸运,但仍有不幸的"二十年",他被打成了"右派"。

在艰难的日子里,费孝通失望过,甚至有过自杀的念头。在艰难的日子里，费孝通目睹了师友们的死亡。1967年6月10日晚上，潘光旦向费孝通索要止痛片，费孝通没有；他又要安眠药，费孝通也没有。后来，费孝通将潘光旦拥入怀中，潘光旦就在弟子的怀里辞世。费孝通哀叹"日夕旁伺，无力拯援，凄风惨雨，徒呼奈何"，直至老师停止呼吸。

但对费先生来说，他记忆犹新的不是个人的师生情，而是自己与老师之间的差距，是老师的人格和境界。尽管潘光旦有"4S"之说，即他的一生是四个"S"——submit（服从）、survive（生存）、sustain（支撑）、succumb（死亡），但他的晚年述怀却是自信自足的："眼前物象绿无垠，从此留春长在门。消息盈虚又一界，愿留只炬照乾坤。心地光明敢自夸，人生几见月无瑕？学于古训无多获，大德何容一眚遮？"

非常的人生经历锻炼了费孝通，使他能够看见自己与别人的差距，也能够看见自己与同道们的志同道合。他是谦虚的，在姐姐面前，在潘光旦、曾昭抡面前，在马林诺夫斯基面前，他总是能看到自己的缺点；他又是坚定的，在龚自珍那里，在陈寅恪那里，在钱穆那里，他能看到自己的追求，自己与前人的"殊途同归"。

或者一生的阅历使他获得了人类情怀和世界眼光，他的思考是超卓的。这种超卓，一如"孔子登东山而小鲁，登泰山而小天下"。费孝通在20世纪的极端年代里活了过来，他因便利在晚年能够行走万里河山,能够思接千载。他有自知之明:"到了哲学和认识论中,我就不行了,没花过工夫,现在补课也不行了。""我的实际是立言重于立功,甘心做个旁观者,而不做操作者。立德还差得远,那是孔子的事情。我做不了。"他有遗憾:"超越东西方,找到人类生存与发展的根子。这个目标,一代人做不到,要两三代人才有可能。我很遗憾。'反右''文革'期间没有像潘先生那样读书做卡片。怨我自己。我那时候失望了。"但高龄的老人仍有抱负:"再给我二十年,把中国的东西弄上一遍,会出来一批好文章。"

费先生的超越是对自身和人性的超越,对民国学术大家们的超越。他说过:"陈寅恪、吴宓、冯友兰、金岳霖这些人都是大家,思考问题的层次很高,但还可以再高些,这是一个民族思考能力的需要。最近有人在《读书》上写了金岳霖,我认为他并不是这篇文章里写的那个样子。他是被误解了。他的思想很复杂很复杂,普通人不容易理解他的内心世界。"

在跟费先生对话时,李亦园先生也谈到了费先生与前辈学者的差异:"像陈寅恪、顾颉刚他们那样一种学术研究,没有办法提出一套可以供全世界的学者了解的人们如何相处的理论。您一开始就提出的'差序格局'的想法,是从旧学出来的学者很难提出来的。"在这方面,费先生对自己的传承意义当仁不让："要让陈寅恪、顾颉刚这一代人做这样的事情，恐怕不行。我们这一代人的长处是接触了这个现代化的世界，我们的语言可以 communicate with the world（与世界沟通），可以拿出去交流，人家可以懂得。我叫它 cross-cultural communication（跨文化沟通）。"

费先生的超越是对"五四"的超越。他说过："五四这一代知识分子快过完了，句号画在什么地方，确实是个问题。我想通过我个人画的句号，把这一代人带进'文化自觉'这个大题目里去。最后能不能带进去，是我的任务了。这是我要过的最后一重山。"

费先生的超越也是对全球化时代的超越，在全球化面前，他看到了当代人物与文明史上的人类的差距。冷战结束五年之际，他感叹，冷战结束五年了，还没有看到全世界思想家活跃发言的景象。有苏秦、张仪之流，但还没有出来孔子、孟子、荀子、墨子……没有大家。他后来多次谈及这一思想："目前活跃在台前的，还只是苏秦、张仪之流。基辛格、布热津斯基、戈尔巴乔夫、周恩来等等，都属于苏、张类型。类似孔子、孟子、荀子这样的人物还没有出现。"

在今天，全球化浪潮一再受挫之际，在疫情让东西方重回隔离状态之际，重温费先生的思想极有意义："如今天下巨变，全世界都捆在一起了。文化上却是各美其美，不适应进一步发展下去的需要。伊斯兰教、基督教、佛教，都不一样。各大教派内部也不一样。斯拉夫文化和盎格鲁－撒克逊文化也不一样。……没有价值观的基本共识，就不能形成天下大同。"

当然，费先生的思考多来自经验，正如他有名的人生记忆："七十年前我心目中外婆家是那么遥远。在运河上坐一条手摇的小木船，一早上船，船上用餐，到外婆家已近黄昏，足足是一天。从地图上看只有十五公里的距离。现在通了公路，中间不阻塞，十多分钟就可以到达。距离的概念已经用时间来计算了。"

这也是费先生可贵的一面，他的社会学、人类学结论多有经验的支撑，比如他看到亨廷顿等策士只知人类各大文化冲突的一面，而他自己从少数民族的生活经验中看到各大文化的多元性，更看到了一体性。

如果我们平实地理解前贤，可以说他们仍有其时位的限制。费先生身居高位，他着眼于民生，认同发展是硬道理。他跟孔子一样以为民生问题的终端是"富而教之"，但事实上历史上演的是民生和民权的双重变奏。人权固然不能绝对化，但个人间的和洽如非共同体的存在条件，个人正义和社会正义就应该是共同体及其个体安身立命的前提。

值得注意的是，费孝通晚年接触的当代人物多为官员。

费先生晚年的社会调查跟年轻时的田野调研有所不同，他是以领导人的身份到各地听取发展的要求，因此有机会跟地方各级官员打交道。

在费先生的调研中随处可见官员及其官称，如山东省烟台市委副书记任海深、山东省人大常委会副主任苗枫林、河北省委书记程维高、温州市市长陈文宪、温州市委书记张友余、瑞安市华光经编厂厂长叶阿光、苍南县县长施德金、浙江省副省长刘锡荣、河南省漯河市委书记王有杰、河南南街村集团董事长王宏斌、贵州省委书记刘方仁、贵州省省长陈士能、吴江市松陵镇书记嵇昌兴、吴江市庙港镇渔业村书记徐阿毛、吴江市盛泽镇书记鲍玉荣、扬州市委书记李炳才、苏州市委书记杨晓堂、河南省委书记李长春、江苏省委书记陈焕友、中央统战部部长刘延东、上海市委书记黄菊、上海市副市长孟建柱、吴江县老县长于孟达、吴江市副市长吴海标、天津市委书记高德占、天津市委书记张立昌、华西实业总公司董事长吴仁宝、广东省委书记谢非、广东省省长卢瑞华、深圳市委书记厉有为、山东省副省长张瑞凤、山东省人大常委会主任赵志浩、山西省阳泉市常务副市长张诚、陕西省副省长潘连生、四川省副省长徐世群……

这些人都跟费先生有接触，以我之简陋，也知道其中有些人如黄菊、谢非已经谢世，有些人如程维高（因违纪受到处分，后被开除党籍，并撤销正省级职级待遇）、刘方仁

（受贿罪，判处无期徒刑，剥夺政治权利终身，并处没收个人全部财产）等成为有污点的人或社会的罪人，有些人的人生文章结束得并不如意……用费先生的"时势权力"之语来说，那些权势熏天者，固一时之雄也，而今安在？

相比之下，费先生"这篇文章"结束得相当圆满，他自己也表示满意。从一个现代意义上的知识分子，转向中国社会和中国文化，在晚年利用方便而能够践行中国圣哲们的实学传统，费先生算得上是变法有道。用费先生的话来说，他是"轻舟已过万重山"，他晚年的"十块钱"（意即晚年还有十年可活要好好利用）花得超值，他把自己在山河大地上的行走变成了山河大地的一部分。而我们中国人在当代见证了国力和个人命运的多重变奏，费先生的晚年给了我们极丰富的启示。我在总结费先生的人格示范时就想到了杜甫的诗，那就是："尔曹身与名俱灭，不废江河万古流。"无论当代的知识人、企业家或官员们如何"无明"一生或"得意"一时，费先生的身影一旦浮现，杜甫的诗几乎是精准的写照。

[全书完]

余世存

知名学者,作家,诗人。

湖北随州人,现居北京。毕业于北京大学中文系。曾任《战略与管理》执行主编。被称为"当代中国最富有思想冲击力、最具有历史使命感和知识分子气质的思想者之一"。近年来致力于研究中国人的时间文化,"时间之书"系列已成为百万级传统文化通识IP。

已出版《非常道》《老子传》《家世》《自省之书》《大时间:重新发现易经》《时间之书》《节日之书》《打开金刚经的世界》等二十余部专著。

其中:

《非常道》获国家图书馆第二届文津图书奖推荐图书;

《时间之书》获国家图书馆第十三届文津图书奖推荐图书;

《节日之书》获国家图书馆第十五届文津图书奖推荐图书。

"余世存"视频号　　"余世存"抖音号　　"余世存"微信公众号

做自己的灯塔

作者 _ 余世存

编辑 _ 邵蕊蕊 王奇奇　　特约策划 _ 余江江　　产品统筹 _ 李静
装帧设计 _ 朱镜霖 陆震　　技术编辑 _ 陈皮　　执行印制 _ 刘淼　　出品人 _ 路金波

营销团队 _ 杨喆 刘子祎 才丽瀚　　物料设计 _ 杨慧

鸣谢

余玲　曹曼　扈梦秋

果麦
www.goldmye.com

以 微 小 的 力 量 推 动 文 明

图书在版编目（CIP）数据

做自己的灯塔 / 余世存著 . -- 海口：海南出版社，
2024.12（2025.4 重印）. -- ISBN 978-7-5730-1869-4
I. K82
中国国家版本馆 CIP 数据核字第 202453SZ62 号

做自己的灯塔
ZUO ZIJI DE DENGTA

作　　者：	余世存
责任编辑：	吴宗森
特约编辑：	邵蕊蕊　王奇奇
特约策划：	余江江
装帧设计：	朱镜霖　陆　震
责任印制：	郊亚喃
印刷装订：	北京盛通印刷股份有限公司
读者服务：	张西贝佳
出版发行：	海南出版社
总社地址：	海口市金盘开发区建设三横路 2 号
邮　　编：	570216
北京地址：	北京市朝阳区黄厂路 3 号院 7 号楼 101 室
电　　话：	0898-66812392　010-87336670
投稿邮箱：	hnbook@263.net
经　　销：	全国新华书店
版　　次：	2024 年 12 月第 1 版
印　　次：	2025 年 4 月第 2 次印刷
开　　本：	880 mm×1 230 mm　1/32
印　　张：	6.5
字　　数：	120 千字
书　　号：	ISBN 978-7-5730-1869-4
定　　价：	58.00 元

【版权所有，请勿翻印、转载，违者必究】
如有缺页、破损、倒装等印装质量问题，请寄回本社更换。